Samuel Mercier

I0674877

L'éthique
dans les entreprises

Nouvelle édition

Éditions La Découverte
9 *bis*, rue Abel-Hovelacque
75013 Paris

Catalogage Électre-Bibliographie
MERCIER Samuel
L'éthique dans les entreprises. — Nouv. édition. — Paris : La Découverte, 2004.
— (Repères ; 263)
ISBN 2-7071-4224-7
Rameau :   morale des affaires
                   chefs d'entreprise : morale pratique
Dewey :   174 : Éthique professionnelle. Déontologie
                   658.14 : Gestion des entreprises. Élaboration de la poli-
                   tique de l'entreprise. Management
Public concerné : Tout public

Si vous désirez être tenu régulièrement informé de nos parutions, il vous suffit d'envoyer vos nom et adresse aux Éditions La Découverte, 9 *bis*, rue Abel-Hovelacque, 75013 Paris. Vous recevrez gratuitement notre bulletin trimestriel **À la Découverte**.

Introduction : le besoin d'éthique

Les thèmes de l'éthique organisationnelle, de la responsabilité sociale de l'entreprise et du développement durable (ces trois préoccupations se recouvrent largement) font l'objet d'un intérêt croissant depuis la fin des années 1980. Cette tendance de fond (alimentée par plusieurs effets de mode successifs) témoigne certainement de l'évolution des représentations collectives concernant le rôle de l'entreprise dans la société. Les exigences des consommateurs, des investisseurs, des salariés et plus globalement des citoyens font apparaître une demande sociale croissante en faveur d'une plus grande intégration de l'éthique dans la vie des entreprises. Ces dernières sont sans cesse confrontées à des choix difficiles dont les conséquences économiques, sociales et environnementales sont regardées et jugées par l'opinion publique.

Jacqueline Russ [1994]* utilise le concept d'évidence éthique pour décliner ce besoin actuel d'éthique en plusieurs éthiques appliquées : bioéthique, éthique de l'environnement, éthique et médias, éthique et politique, et, bien entendu, éthique et entreprise. Il convient tout d'abord de poser quelques repères pour évoluer dans le champ de l'éthique en entreprise.

---

* Les références entre crochets renvoient à la bibliographie en fin d'ouvrage.

Opérer une distinction entre les trois termes est, pour un auteur français, un passage obligé et délicat. Aux États-Unis, le même terme *ethics* recouvre ces notions (on utilise parfois l'expression *professional ethics* pour la déontologie).

Éthique et morale sont deux termes qui, par leur origine étymologique, sont équivalents : « éthique » (introduit en France en 1265) renvoie à une racine grecque, *ethos* (mœurs), et « morale » (mot latin proposé par Cicéron pour traduire le mot grec « éthique » qui apparaît en France en 1530) renvoie à une racine latine, *mores*. Cela explique la difficulté à choisir l'un ou l'autre. Il convient donc de se référer à l'histoire des idées.

Selon Jean-Jacques Wunenburger [1993, p. XIV], il existe deux traditions de définition pour différencier les deux termes (voir tableau).

Il semble que la deuxième tradition reflète davantage le sens actuel donné à l'éthique (de plus, le terme est moins connoté que celui de morale).

TABLEAU 1. — LA DISTINCTION ÉTHIQUE-MORALE :
DEUX TRADITIONS DE DÉFINITION

Première tradition : l'éthique comme réflexion sur les fondements de la morale	*Deuxième tradition : morale universelle et éthique particulière*
• Éthique : science du comportement, des mœurs ; étude théorique des principes régissant les choix pratiques (point de vue méta-moral).	• Éthique : ensemble des règles de conduite partagées et typiques d'une société donnée ; ces règles sont fondées sur la distinction entre le bon et le mauvais.
• Morale : ensemble des moyens mis en œuvre pour agir de façon humaine ; ensemble des prescriptions concrètes adoptées par des agents individuels ou collectifs.	• Morale : ensemble des principes à dimension universelle, normative voire dogmatique ; fondée sur la discrimination entre le bien et le mal.

Source : adapté de Wunenburger [1993, p. XIV].

Il n'existe pas de définition consensuelle de l'éthique et le concept oscille, selon les auteurs, entre réflexion portant sur la notion de Bien et énoncé de règles normatives.

Nous proposons de qualifier d'éthique, la réflexion qui intervient en amont de l'action et qui a pour ambition de distinguer la bonne et la mauvaise façon d'agir [Mercier, 2002, p. 34].

Le domaine de l'éthique est celui du bon et du mauvais, ou du juste et de l'injuste [Bergmann, 1997, p. 1239]. Ces notions relatives se forgent à partir du système de valeurs et des attitudes des acteurs. Il est cependant possible d'opter pour une certaine objectivité en éthique : Boudon [1995] montre ainsi que le bon et le vrai peuvent exister indépendamment du temps, du lieu ou des intérêts.

Par rapport à la morale (vue comme un ensemble de normes conformes à un groupe à dimension universelle et qui s'imposent à tous), l'éthique doit permettre à l'individu de faire valoir sa parole et ses intérêts propres.

Le problème fondamental qui se pose à l'acteur est centré sur la manière dont il tente de concilier consciemment la recherche de son intérêt personnel et le respect de celui des autres [Courrent, 2003, p. 140]. La question ne se pose qu'à celui qui, libre de ses décisions, détient du pouvoir sur ses partenaires.

La déontologie (étymologiquement la science du devoir) semble plus simple à appréhender et renvoie à un ensemble de règles dont se dote une profession (ou une partie de la profession) au travers d'une organisation professionnelle qui devient l'instance d'élaboration, de mise en œuvre, de surveillance et d'application de ces règles [Isaac, 1998, p. 98]. Elle a toujours un caractère obligatoire, tout manquement pouvant faire l'objet de sanctions.

Si l'on admet que les trois termes sont des éléments qui découlent l'un de l'autre, « la morale, science du bien et du mal, permet de dégager une éthique qui est un art de diriger sa conduite, son comportement, qui s'exprime dans les principes guidant les aspects professionnels de ce comportement : la déontologie » [Rojot, 1992, p. 118].

Si l'éthique est essentiellement une réflexion individuelle, se pose le problème de la transposition du concept à l'entreprise : sa conduite peut-elle être évaluée en termes éthiques, est-elle un agent moral ? Le passage de l'éthique dans l'entreprise à l'éthique de l'entreprise renvoie au débat sur sa nature : institution sociale avec personnalité propre (et donc sa propre éthique), coalition d'acteurs ayant leurs propres objectifs (approche behavioriste) ou simple fiction légale (approche contractuelle). Dans ces deux dernières visions, l'éthique organisationnelle (c'est-à-dire le sens, les repères et valeurs qui guident son action) se confond avec celle de ses dirigeants.

L'éthique en France est davantage appréhendée comme un thème de discussion que comme une véritable discipline de gestion.

Pour certains, parler d'éthique en gestion est une absurdité. Le monde des affaires n'obéit qu'à la loi du profit et est exempt d'interrogations éthiques : « Les affaires sont les affaires. » Pour d'autres, on ne peut avoir d'éthique appliquée : l'économie et les affaires devraient simplement être soumises aux mêmes normes que toute autre activité sociale. Cependant, de plus en plus d'universitaires et de professionnels s'intéressent à la réflexion éthique appliquée à l'entreprise (voir tableau).

Le champ de l'éthique comprend deux pôles : le pôle instrumental et le pôle critique.

D'un point de vue instrumental, l'éthique organisationnelle (le terme est aujourd'hui préféré à celui de morale d'entreprise utilisé par exemple par Gélinier [1983]) définit la manière dont l'entreprise intègre ses valeurs clefs dans ses politiques, pratiques et processus de décision. Cela inclut également la recherche de la conformité à des principes légaux et l'adhésion à des règles internes.

L'éthique est aussi une réflexion critique qui peut pénétrer tous les champs d'activité de l'entreprise : les préoccupations éthiques touchent tous les domaines de la gestion.

Le choix éthique ne se pose que là où il existe un degré de liberté d'action : les décisions prises sous une contrainte absolue ne sauraient être évaluées du point de vue éthique.

CENTRES DE RECHERCHE UNIVERSITAIRE OU DE RÉFLEXION	— C3ED (Centre d'Économie et d'Éthique pour l'Environnement et le Développement) à l'Université de Versailles Saint-Quentin en Yvelines. Création : 1995 (<www.c3ed.uvsq.fr>)
	— Centre des Jeunes Dirigeants (CJD) (<www.cjd.net/flash.htm>)
	— Cercle d'Éthique des affaires. Création : 1989. Président : Michel Le Net (<www.cercle-ethique.net>)
	— Chaire Économie & Humanisme (École des Sciences de la Gestion à l'Université du Québec à Montréal (UQAM). Création : 2000. Titulaire : Claude Béland (<www.ceh.uqam.ca>)
	— CFIE (Centre Français d'Information sur les Entreprises). Création : 1996. Directeur : Martial Cozette (<www.cfie.net>)
	— CREEADP (Centre de Recherches en Éthique Économique et des Affaires et Déontologie Professionnelle). Direction : Jean-Yves Naudet, professeur à l'Université Aix-Marseille
	— CSR Europe. Création : 1996 (<www.csreurope.org>)
	— *Institute of Business Ethics*. Création : 1986. (<www.ibe.org.uk>)
	— GRI (*Global Reporting Initiative*). Création : 1997. (<www.globalreporting.org>)
	— Novethic. Création : avril 2001. Président : Jean-Pierre Sicard (<www.novethic.fr>)
	— ORSE (Observatoire sur la Responsabilité Sociétale des Entreprises). Création : juin 2000. Président : Frédéric Tiberghien (<www.orse. org>)

CENTRES DE RECHERCHE UNIVERSITAIRE OU DE RÉFLEXION *(suite)*	— SAI (Social Accountability International) (<www.cepaa.org>) — Utopies. Création : 1993. Directrice : Élisabeth Laville (<www.utopies.com>)
REVUES ACADÉMIQUES ET PROFESSIONNELLES	• américaines : *Business Ethics Quarterly* (1991-). Éditeur : *Society for Business Ethics* *Journal of Business Ethics* (1982-) *Business and Society Review*. Éditeur : *Center for Business Ethics* (Bentley College) *Business and Professional Ethics Journal* (1981-) articles ou numéros spéciaux dans *Academy of Management Review*, *California Management Review* (le thème *Business & Society* existe depuis 1984), *Journal of Management Studies*, *Strategic Management Journal*… • européenne : *Business Ethics : A European Review* • française : Entreprise Éthique (1994-) (dirigée par Michel Le Net)
ASSOCIATIONS SCIENTIFIQUES	— *Academy of Management* (Section *Social Issues of Management*) (<www.aomonline.org>) — ADERSE (Association pour le Développement de l'Enseignement et de la Recherche sur la Responsabilité Sociale de l'Entreprise). Création : 2002. Président : François Lépineux (<aderse.free.fr>) — EBEN (*European Business Ethics Network*). Création : 1987 (<www.eben.org>) — IABS (*International Association for Business and Society*). Création : 1990 (<www.iabs.net>) — IAS (Institut d'Audit Social). Création : 1982. Président : Zahir Yanat (<www.audit-social.com>) — ISBEE (*International Society of Business, Economics and Ethics*). Président : Georges Enderle (<www.synethos.org/isbee>)

Bien évidemment, il est très difficile pour les gestionnaires de faire des choix éthiques parce qu'ils sont fréquemment confrontés à des dilemmes.

L'éthique est un champ de tensions qui se situe entre l'intérêt de l'entreprise, l'intérêt général et les intérêts d'autrui.

L'enjeu de la réflexion éthique est de trouver un équilibre quand les intérêts des parties prenantes ne peuvent se réaliser simultanément.

Formalisation de l'éthique, responsabilité sociale et développement durable

Depuis la fin des années 1980, les entreprises françaises, à l'image des groupes étrangers (notamment anglo-saxons), se sont lancées en nombre dans des démarches de formalisation de leur éthique.

Cette pratique apparaît comme le signe le plus évident de l'engagement pris par une organisation de bien se conduire.

La formalisation de l'éthique est la démarche de rédaction par l'entreprise d'un ou de plusieurs documents énonçant ses valeurs, idéaux, croyances, principes ou prescriptions. L'entreprise y explicite ses finalités ainsi que les droits et obligations de ses différentes parties prenantes (voir l'encadré).

Il convient de noter que les réflexions au niveau d'une profession ou d'un secteur d'activité donnent parfois lieu à l'élaboration commune d'un code de déontologie (principalement dans le secteur des services). Cependant, la grande majorité des secteurs industriels n'ayant pas encore eu recours à de telles pratiques, les entreprises sont conduites à envisager des actions individuelles.

Lorsque le questionnement éthique porte sur les conséquences des activités organisationnelles pour autrui, apparaît la notion de responsabilité sociale de l'entreprise. Il s'agit d'une traduction de l'expression américaine *Corporate Social Responsibility*. Il convient de noter que le terme anglo-saxon *Social* est plus large que son homologue en français qui fait référence aux « partenaires sociaux » et non à l'ensemble des partenaires concernés par l'entreprise et par ses activités. On utilise parfois le terme de « sociétal » pour exprimer cet élargissement des relations sociales au-delà des strictes relations professionnelles employeurs-salariés [Perez, 2002, p. 132].

Le concept de *Stakeholder* (partie prenante) : origines et définitions

Selon Freeman [1984, p. 31], le terme de *Stakeholder* (traduit également parfois par « partie intéressée » ou « ayant droit ») a été employé pour la première fois en 1963 au sein du *Stanford Research Institute*. Sa création provient d'une volonté délibérée de jouer avec le terme de *Stockholder* (qui désigne l'actionnaire) afin d'indiquer que d'autres parties ont un intérêt (*stake*) dans l'entreprise. Le concept est d'abord mobilisé en stratégie et désigne les groupes d'individus qui sont indispensables à la survie de l'entreprise.

Le terme est véritablement popularisé par Freeman [1984, p. 46] qui lui donne une acception très large : « Une partie prenante est un individu ou groupe d'individus qui peut affecter ou être affecté par la réalisation des objectifs organisationnels. » Cela inclut les investisseurs, salariés, fournisseurs, consommateurs, la communauté locale ainsi que la société dans son ensemble. Ne sont exclus de cette définition que ceux qui ne peuvent affecter l'entreprise (du fait de leur absence de pouvoir) et ceux qui ne sont pas affectés par ses actes (du fait de l'absence d'une quelconque relation avec l'entreprise).

Cette vision large est problématique [Jensen, 2002] : n'importe qui pourrait revendiquer un intérêt dans une organisation. L'environnement, les animaux sont-ils des *Stakeholders*, qu'en est-il des médias et des terroristes ?

Partisan d'une acception plus étroite du concept de *Stakeholder*, Clarkson [1995, p. 106] distingue les parties prenantes volontaires et involontaires selon qu'elles acceptent ou qu'elles sont exposées à un certain risque en nouant une relation avec l'entreprise. Dans l'acception de *Stake*, il se réfère à la notion d'enjeu et de pari plutôt que d'intérêt.

Ainsi, les *Stakeholders* volontaires prennent un risque en investissant une forme de capital (humain ou financier) dans l'entreprise et contribuent directement aux activités créatrices de valeur. Les salariés ou les consommateurs s'associent volontairement à l'entreprise dans l'espoir d'en recueillir des bénéfices : opportunités d'emplois et de carrières, qualité des produits et services. Sans eux, l'entreprise ne peut survivre.

Par contre, les parties prenantes involontaires s'exposent aux conséquences provoquées par les activités de l'entreprise et cherchent à minimiser l'impact négatif des actions de l'entreprise sur leur bien-être. Elles ne sont pas engagées dans des transactions avec l'entreprise mais peuvent avoir un impact sur son bien-être.

Dans cet ouvrage, nous utiliserons le terme *social* dans son sens élargi.

Le passage de l'éthique à la responsabilité sociale traduit un glissement vers la manière dont les entreprises doivent rencontrer les attentes sociales de leurs *Stakeholders* et renvoie plus précisément à un questionnement sur le rôle de l'entreprise. L'entreprise doit assumer des responsabilités qui vont au-delà de ses obligations purement légales et économiques.

Dans le Livre vert de la Commission européenne (18 juillet 2001, <europa.eu.int>), il est indiqué que la responsabilité sociale de l'entreprise « est l'intégration volontaire des préoccupations sociales et écologiques des entreprises à leurs activités commerciales et leurs relations avec toutes leurs parties prenantes internes et externes (actionnaires, personnels, clients, fournisseurs et partenaires, collectivités humaines…) et ce afin de satisfaire pleinement aux obligations juridiques applicables et investir dans le capital humain et l'environnement ».

La responsabilité sociale de l'entreprise s'inscrit dans une logique plus globale de développement, le développement durable.

Au sens du rapport Brundtland de 1987, le développement durable est « *un développement qui répond aux besoins du présent sans compromettre la capacité des générations futures de répondre aux leurs* ».

L'objectif essentiel est l'amélioration de la qualité de vie, la recherche du progrès partagé par tous. Transposé à l'entreprise, le développement durable est instrumentalisé par la quête de la

triple performance : économique, sociale et environnementale. La réussite durable passe par des arbitrages entre ces
trois objectifs et par la justification de ces arbitrages.

La place que doit occuper l'éthique dans l'entreprise soulève
de multiples interrogations : quels sont les domaines couverts
par l'éthique d'entreprise ? Est-elle introduite pour des raisons
de légitimité ou d'efficacité ? Est-elle devenue un outil de
management ? Qu'est-ce qu'une entreprise éthique ? Les entreprises françaises abordent-elles la question de façon
spécifique ?

Pour apporter quelques éléments de réponse à ces questions
complexes, nous présenterons d'abord les enjeux des
démarches éthiques en entreprise (chap. I). L'institutionnalisation de l'éthique dans l'entreprise sera ensuite examinée
(chap. II). Puis, nous analyserons les liens entre éthique et
culture, d'une part (chap. III), et éthique et responsabilité
d'autre part (chap. IV). Enfin, nous exposerons une typologie
de la politique éthique formalisée (chap. V) et présenterons les
débats portant sur l'instrumentalisation de l'éthique en gestion
(chap. VI).

Cet ouvrage a pour objet de présenter et de mettre en perspective les principaux concepts portant sur l'éthique appliquée
à l'entreprise et d'analyser la manière dont les entreprises
gèrent la dimension éthique.

I / Les enjeux des démarches éthiques en entreprise

L'essor d'une discipline nouvelle

La problématique de l'éthique constitue désormais un enjeu majeur pour les organisations : succès médiatique, transformation des pratiques de gestion et créativité conceptuelle contribuent à son exceptionnelle vitalité [Pasquero, 2000, p. 369].

L'éthique en entreprise est devenue un phénomène de société. Le succès médiatique est régulièrement alimenté par les scandales impliquant de grandes entreprises mais également par la publication de nombreux ouvrages (par exemple Boyer [2002], Claude [2002], Dupré [2002], Férone et D'Arcimoles [2001], Gonzague et Touboul [2003], Medina [2003], Wiedemann-Goiran *et al.* [2003]), d'articles dans des revues tant académiques que professionnelles, de communications dans des congrès scientifiques.

Cette vague éthique est accompagnée par la transformation des pratiques de management : l'apparition, dans les grandes entreprises, de plusieurs mécanismes éthiques témoigne de l'importance des innovations introduites dans les systèmes de gestion.

Enfin, l'éthique fait l'objet d'une importante créativité théorique. Si les dilemmes éthiques à résoudre sont anciens, le thème en tant qu'objet de recherche en sciences de gestion et, plus largement, en sciences sociales, est nouveau.

Les sciences de gestion visent non seulement à analyser les organisations (afin de mieux comprendre leur fonctionnement) mais également à contribuer au progrès des comportements et des performances requis.

Une discipline hybride semble apparaître combinant les savoirs du management et de la philosophie, développant des concepts et des théories pour mieux comprendre les problèmes et dilemmes éthiques et pour guider les comportements.

Plus précisément, trois dimensions peuvent être distinguées :
— la recherche descriptive et analytique vise à décrire et expliquer les pratiques et procédures existantes. La première recherche empirique sur le thème semble remonter à Baumhart [1961] ;
— la recherche prescriptive a pour objectif d'instruire les praticiens sur la manière d'améliorer l'intégration de l'éthique dans l'entreprise ;
— la recherche normative conduit à porter un jugement de valeur sur les actions organisationnelles. Pour cela, elle s'appuie essentiellement sur deux courants de pensée distincts (voir l'encadré) : l'approche déontologique (centrée sur les devoirs des agents) ou téléologique (centrée sur les conséquences de leurs comportements).

L'éthique : approche déontologique ou conséquentialiste ?

Deux grands courants de pensée éthique peuvent être distingués :
— d'une part, les théories téléologiques (fondées sur une éthique de la finalité) ou conséquentialistes mesurent la dimension éthique contenue dans un acte par le niveau de bien qu'il procure (pour l'acteur ou pour autrui) ;
— d'autre part, les théories déontologiques (fondées sur une éthique du devoir) ne se préoccupent pas des conséquences de l'action et mesurent la dimension éthique contenue dans un acte sur la base du devoir ou de l'obligation. Ce courant maintient qu'il existe une éthique universelle respectant des principes de droits et de justice.

Les démarches éthiques en entreprise répondent à un double enjeu : répondre aux attentes des parties prenantes et construire un moyen de régulation interne. Cela souligne l'importance du contexte institutionnel et organisationnel dans lequel les problèmes éthiques et les actions se situent.

Les attentes des parties prenantes

Depuis les années 1970, les parties prenantes se sont mises à exercer une pression importante sur les entreprises pour qu'elles offrent une plus vaste gamme de services, non nécessairement reliés aux aspects économiques, et qu'elles accordent plus d'attention aux questions sociales et écologiques.

Chaque partie prenante, selon ses préoccupations et ses valeurs, s'efforce d'imposer ses intérêts, ses revendications voire de minimiser ses risques [Igalens et Joras, 2002, p. 49].

Les organismes internationaux s'efforcent de formaliser des normes universellement acceptées. Les principes de l'OCDE (1999) stipulent notamment la nécessité de reconnaître les droits des parties prenantes et encouragent une coopération active entre les entreprises et leurs *Stakeholders* pour permettre la création de richesse, d'emplois et la durabilité financière des entreprises.

De même, les salariés, investisseurs et consommateurs (qui peuvent très bien se confondre en une seule personne) se montrent sensibles à une pratique quotidienne de l'éthique et cherchent de plus en plus à donner du sens à leurs actes. Cela se traduit par des exigences croissantes en terme de sécurité, de transparence, d'information ou d'écoute.

Leur pression se réalise en partie dans le développement de l'investissement éthique (ou socialement responsable) et dans la promotion du commerce éthique ou équitable. Ces pratiques ont une portée symbolique qui dépasse largement leur poids réel dans le système économique.

L'investissement éthique et socialement responsable

Cet investissement partage avec l'investissement traditionnel un objectif prioritaire de rentabilité financière [voir Gendron, 2002 ; Ballet et Bry, 2002]. La volonté de dépasser la performance des investissements traditionnels est même clairement affichée afin d'asseoir la crédibilité de ces pratiques (qui se distinguent de l'investissement solidaire qui conduit à verser une partie de la valeur ajoutée à des associations humanitaires). Cependant, la sélection des entreprises, outre la performance économique, tient compte de critères éthiques (exclusion de certaines activités jugées peu recommandables par exemple) ou de leur performance sociale et environnementale.

Ces évaluations proviennent souvent d'agences spécialisées dans la notation éthique et socialement responsable des entreprises [sur la question de la mesure de la performance durable, voir par exemple Depoers *et al.*, 2003]. En 2003, les deux tiers des fonds socialement responsables utilisent les services de l'agence Vigeo (ayant absorbé Arese en 2002) qui évalue la performance sociale des grandes entreprises selon cinq critères (communauté et société civile ; gouvernance d'entreprise ; clients et fournisseurs ; hygiène, sécurité et environnement ; ressources humaines).

Les placements éthiques sont les plus anciens et apparaissent dès les années 1920 aux États-Unis sous l'impulsion d'actionnaires *quakers* qui en ont fait une arme moralisatrice (en France, le premier fond de ce type a été créé en 1983 par une congrégation religieuse). Plus récemment, les fonds socialement responsables cherchent davantage le dialogue avec les entreprises et contribuent au développement de l'activisme actionnarial (demandes d'informations, présence aux assemblées générales, interpellation des dirigeants...). C'est le cas par exemple du fonds Actisocia d'Apogé (<www.apoge.fr>).

Les investissements éthiques et socialement responsables représentent plus de 10 % de la capitalisation boursière aux États-Unis [Perez, 2002, p. 135]. En France, moins de 1 % des actifs gérés sont filtrés par de tels critères, ce qui laisse une marge de progrès importante à cette pratique.

Le commerce éthique ou équitable

Les produits échangés dans le cadre du commerce éthique ou équitable doivent respecter des modalités strictes de production et de distribution dans le domaine social (et environnemental).

Dans le cas du commerce équitable, les producteurs des pays en voie de développement se voient assurer un prix minimum très supérieur aux cours mondiaux. Le produit fini (produits agricoles et artisanat sont privilégiés) est généralement 5 à 10 % plus cher (voir tableau 2).

Ce commerce occupe pour l'instant une part marginale dans les échanges (0,01 % du commerce mondial en 1999), mais il est en forte progression et ses produits accèdent progressivement à la grande distribution.

TABLEAU 2. — DÉCOMPOSITION DU PRIX D'UN PAQUET DE CAFÉ

Système traditionnel		Système Max Havelaar
1,8 à 2,65€	Prix de vente en grande surface	2,3 à 3,35€
1,45 à 2,65€	Coût d'importation, de torréfaction, distribution	1,41 à 2,46€
0,14€	Coût d'exportation	0,14€
	Droit du label Max Havelaar	0,05€
	Frais de gestion coopérative	0,08€
0,08€	Intermédiaires	
0,15€	Recette petit producteur	0,62€

Source : Max Havelaar France, février 2003 (prix calculé sur une moyenne pour 250 grammes d'arabica d'Amérique latine).

Des entreprises en quête de légitimité sociale

La légitimité de l'entreprise au sein de la société (auprès de laquelle elle obtient le droit d'exercer son activité, ce que les Anglo-Saxons nomment : « *licence to operate* ») dépend de son aptitude à faire se rencontrer les attentes d'un nombre important et croissant de participants. Les entreprises se préoccupent davantage des conséquences de leurs pratiques et tentent d'améliorer la qualité des relations qu'elles entretiennent avec leurs *Stakeholders* (par exemple, en identifiant et en rendant publiques les valeurs auxquelles elles croient). Celles qui mettent en danger, par leurs produits ou leurs pratiques de management, la santé ou la sécurité humaine font l'objet de dénonciations publiques dont les effets peuvent être désastreux sur leur image.

La quête de légitimité sociale :
une lecture institutionnelle

Les entreprises semblent rechercher la conformité aux exigences de leur environnement. D'un point de vue conceptuel, la domination de l'environnement sur les décisions et pratiques des entreprises a été mise en évidence par la théorie sociologique institutionnelle.

Ainsi, Meyer & Rowan [1977] analysent l'importance des buts symboliques dans les organisations et montrent qu'elles sont en quête de légitimité sociale. Les mécanismes éthiques qu'elles introduisent fonctionnent comme des mythes, ils sont adoptés de façon cérémoniale pour marquer clairement leur statut de bonne entreprise. Ces éléments sont donc incorporés pour obtenir de la légitimité plutôt qu'en terme d'efficacité.

De même, à travers le concept d'isomorphisme institutionnel, DiMaggio et Powell [1983] identifient trois forces conduisant à une homogénéisation croissante des entreprises :
— des forces coercitives en provenance de l'environnement (influences légales et politiques) ;
— le mimétisme entre les organisations ;
— les pressions normatives (rôle des organismes professionnels) qui poussent les organisations vers l'isomorphisme.

Cette approche souligne l'importance de l'encastrement des organisations dans leur cadre institutionnel.

La mobilisation du cadre théorique proposé par la théorie institutionnelle (voir l'encadré) met en évidence l'importance symbolique des démarches éthiques, qui peuvent rester parfois des façades à destination des *Stakeholders*. L'objectif étant de les séduire en leur « vendant » de la légitimité (notion de marketing éthique). L'éthique est alors mobilisée comme instrument de communication.

En réponse aux pressions des différentes parties prenantes, les entreprises ont formalisé un certain nombre d'engagements visant à offrir un environnement de travail attractif, empreint d'équité, et à renforcer l'honnêteté dans les transactions économiques. Il s'agit de gérer l'image, la réputation de l'entreprise, de légitimer son existence [voir Laufer, 1996 ; Gautier, 2001]. La formalisation constitue le symbole de son engagement à promouvoir des comportements éthiques.

L'adaptation à l'environnement économique

Les organisations sont soumises à d'importantes pressions externes pour opérer d'une manière socialement responsable. Elles cherchent également à s'adapter aux mutations de l'environnement économique (globalisation des marchés, intensification de la concurrence, rapidité accrue des transactions), ce qui les confronte à des problèmes d'organisation interne.

Cela conduit les entreprises à prendre position sur le plan éthique pour accélérer des changements devenus indispensables. En outre, l'augmentation du nombre des implantations dans le monde rend de plus en plus complexe l'appréciation des risques attachés aux décisions qui sont prises.

La dimension organisationnelle

Il convient de souligner l'importance des enjeux internes des démarches éthiques.

L'éthique est mobilisée comme instrument d'orientation des comportements.

La formalisation vise à influencer positivement le climat éthique dans l'entreprise et à améliorer la capacité des collaborateurs à prendre des décisions en accord avec la politique de l'entreprise et avec les exigences légales.

Le besoin d'un cadre de référence commun

Les entreprises cherchent l'équilibre entre l'adaptation aux pressions externes et le maintien de la cohésion organisationnelle.

Les restructurations et les opérations de croissance externe réalisées depuis le début des années 1980 ont modifié profondément le périmètre des grandes entreprises. Le facteur « taille » apparaît comme fondamental dans la décision de formaliser l'éthique de l'entreprise. Les entreprises qui grandissent éprouvent le besoin d'améliorer et de formaliser leurs réseaux.

Les grandes firmes, et, tout particulièrement, celles qui ont des activités à l'étranger, sont susceptibles d'avoir des salariés, des fournisseurs et des clients venant de différents milieux sociologiques et possédant différents systèmes de valeurs, d'où la nécessité de formaliser les valeurs organisationnelles.

Par exemple, le groupe Danone a vu son effectif total passer de 33 000 en 1985 à 92 000 en 2002. Du fait de l'internationalisation croissante de ses activités, le pourcentage de salariés situés hors Europe de l'Ouest est passé de 10 % en 1990 à 74 % en 2002.

De plus, les changements survenus dans les contrats psychologiques liant l'individu à l'organisation [Rousseau, 1995] obligent les entreprises à formuler la règle du jeu. La formalisation devient le symbole écrit d'un nouveau contrat moral engageant la direction.

Ainsi, la vitesse et l'amplitude des changements ont brouillé les repères et valeurs qui concouraient à l'unité et à l'identité des organisations. Au sein de l'entreprise, le processus de décentralisation, l'accroissement de la flexibilité, la valorisation de l'autocontrôle et le développement du management participatif font émerger une préoccupation centrale : le besoin d'un cadre de référence commun.

Dans ce contexte, la sauvegarde de l'identité de l'entreprise la contraint à prendre en compte les effets parfois négatifs de la décentralisation. Le contrôle direct devenant de plus en plus difficile, l'enjeu est de préciser le cadre d'action des différentes entités de l'entreprise afin d'éviter une perte de repères collectifs. Culture d'entreprise et formalisation éthique sont alors mobilisées comme force d'homogénéisation. L'éthique est vue comme un moteur de succès : seules les entreprises qui ont su clarifier leurs valeurs sont susceptibles de réussir.

Cette réflexion de nature identitaire semble encore plus critique pour les entreprises publiques : ainsi, EDF, consciente de sa spécificité et de l'obligation de garantir un service public, a souhaité formaliser ses valeurs pour se distinguer par une éthique exigeante et respectée.

En outre, le recours à la formalisation vise à stabiliser le système de valeurs des collaborateurs dans l'entreprise : celle-ci cherche à fournir à ses membres un cadre de référence pour l'action.

Il convient de noter que, dans le contexte français, la formalisation éthique englobe, à présent, une pratique managériale apparue au début des années 1980 et dont l'engouement semble s'amenuiser : l'élaboration d'un projet d'entreprise visait, notamment, à expliciter des idéaux donnant un sens collectif à l'organisation [Mercier, 2000].

La formalisation éthique semble davantage centrée sur les comportements et les conduites dans l'entreprise. Son intérêt stratégique réside dans son aptitude supposée à relier attitude et action : les entreprises formalisent ce qu'elles attendent de leur personnel en termes de comportements et exigent que ces principes se concrétisent dans les actes.

Cette démarche pallie un certain manque de références qui gêne les salariés devant la résolution de problèmes concrets.

La formalisation permet de sensibiliser les collaborateurs et de rappeler certaines évidences qui risquent d'être laissées de côté devant des impératifs économiques. Elle sert également de guide dans les situations ambiguës où une conduite éthique n'apparaît pas clairement.

La formalisation peut, de plus, être décrite comme un outil de protection réciproque des intérêts des dirigeants et des subordonnés (dans une optique contractuelle). L'entreprise se protège des éventuels comportements opportunistes liés à l'indétermination des conduites humaines. De façon symétrique, la politique éthique formelle permet de légitimer l'attitude d'un salarié refusant d'appliquer une directive provenant de sa hiérarchie. Dans ce cadre, la formalisation lui offre un moyen de résistance.

L'engouement pour la réflexion éthique concerne plus spécifiquement les grandes entreprises. Selon Courrent [2003], 98 % des PME n'ont pas formalisé leur éthique. Plus une organisation devient complexe, plus le maintien de sa cohésion devient un enjeu important. Jusqu'à présent, les entreprises s'appuyaient essentiellement sur une forte culture implicite. Or, la diversité des collaborateurs devient trop grande pour que cela soit suffisant. Il est donc devenu nécessaire de poser les bases d'une éthique commune et explicite. L'intégration de la dimension éthique dans le management relève donc d'abord de l'engagement des dirigeants.

II / L'institutionnalisation de l'éthique dans la gouvernance de l'entreprise

Les exigences éthiques des parties prenantes conduisent l'entreprise à dépasser les principes pour instaurer une prise en compte concrète et une mise en œuvre pratique de l'éthique à tous les niveaux de l'organisation.

La formalisation ne constitue qu'un aspect (même si c'est le phénomène le plus visible) de l'élaboration d'un système plus global d'institutionnalisation de l'éthique dans la gouvernance des entreprises. Nous appréhendons la gouvernance des entreprises [Charreaux, 1997 ; Perez, 2003], dans son sens large, comme étant l'ensemble des principes et règles qui dirigent et limitent les actions des dirigeants. Le questionnement se focalise sur le rôle des dirigeants : qui a le droit de contrôler les activités de l'entreprise ? Comment ce droit doit-il être exercé ? [Mercier, 2003, p. 27].

La formalisation s'entoure progressivement de différents mécanismes internes s'assurant du respect des engagements énoncés [Mercier, 2001, p. 64] et visant à instaurer des relations de confiance avec les parties prenantes (voir le schéma).

Ces mécanismes cherchent à promouvoir le comportement éthique parmi les collaborateurs (la question de l'impact réel de ces pratiques sur les comportements est bien évidemment un autre problème).

SCHÉMA 1. — LE PROCESSUS D'INSTITUTIONNALISATION DE L'ÉTHIQUE

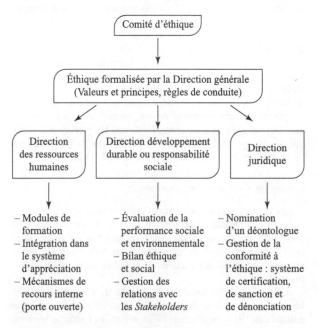

L'importance de la direction générale

Barnard [1938] fut l'un des premiers auteurs à examiner les responsabilités morales des dirigeants.

L'influence du dirigeant
sur les comportements de ses salariés

Les dirigeants conditionnent l'esprit et les valeurs des entreprises. Posner et Schmidt [1984] ont montré que leurs comportements influençaient fortement ceux de leurs salariés.

La direction générale joue un rôle primordial dans la décision de formaliser l'éthique de l'entreprise.

Un nombre croissant de dirigeants considèrent l'éthique comme un moteur de réussite et ont la conviction que seules les entreprises qui ont su clarifier leurs valeurs sont susceptibles de réussir.

Plusieurs facteurs sont directement à l'origine de la décision de formaliser l'éthique prise par le directeur général : sa philosophie personnelle, sa carrière, sa formation. Dans la plupart des entreprises, les valeurs mentionnées dans les documents éthiques appartenaient à la tradition orale.

Ainsi, le dirigeant de L'Oréal, Lindsay Owen-Jones, précise en préambule de la charte de son entreprise : « Je crois le moment venu de formaliser les valeurs et les principes d'action qui étaient jusqu'à maintenant transmis par la parole et par l'exemple, et qui constituent l'éthique de L'Oréal. »

Le rôle du fondateur de l'entreprise

Les valeurs et principes apparaissent comme des éléments de continuité et de stabilité essentiels pour le développement et la prospérité. La pression du court terme, des logiques financières et la mobilité du personnel sont telles que les entreprises recherchent un facteur de stabilité dans les pratiques managériales.

Ainsi, parmi les facteurs de succès de l'entreprise IBM, beaucoup s'accordent pour mettre au premier rang les principes édictés dès 1914 par Thomas Watson (celui-ci affirme les avoir empruntés à son père) et constamment rappelés depuis. Ces principes sont au nombre de trois :
— le respect de l'individu ;
— le meilleur service possible doit être donné au client ;
— la recherche de l'excellence dans tout ce que fait la compagnie.

Cependant, la stabilité des valeurs énoncées contraste avec la nécessité pour l'entreprise de s'adapter aux exigences actuelles. Le groupe IBM a entrepris au début des années 1990 un réexamen de son éthique. Ainsi, la tradition de plein emploi, sorte de contrat moral qui incarnait sa culture, ne pouvait plus être respectée. Ce contrat moral entre l'entreprise et ses collaborateurs a donc dû être repensé : la sécurité de l'emploi garantie par l'entreprise, l'équité interne et l'homogénéité de traitement de tous ont laissé la place à un nouveau contrat, plus

conforme aux besoins de l'entreprise, qui privilégie le parte-
nariat avec les collaborateurs et qui est axé sur l'« employabilité » individuelle, sur la compétitivité externe, la
contribution et la compétence. L'entreprise se défend d'avoir
abandonné les principes de son fondateur : elle considère que,
avec le temps, le respect de la personne s'était transformé, à
tort, en garantie de l'emploi.

Le processus de formalisation de l'éthique

On peut distinguer deux étapes dans le processus d'intégration de la formalisation éthique : l'élaboration et la diffusion
du document.

L'élaboration de l'éthique

• *La constitution d'un groupe de travail.* — En règle
générale, le dirigeant d'une entreprise qui décide de formaliser son éthique nomme un responsable chargé d'orienter la
réflexion éthique. Ce dernier s'entoure d'un groupe de travail
qui réunit des personnes provenant des grandes fonctions de
l'entreprise.

Les tâches de ce groupe de travail dépendent de la volonté
de la direction :
— il peut avoir pour mission de rédiger un document à partir
des objectifs déjà établis par la direction ;
— cette dernière peut également choisir de laisser le groupe
de travail définir lui-même les objectifs du document qui
répondront le mieux à la culture organisationnelle. Le responsable rassemble alors de l'information sur l'historique de
l'organisation, les principes et les valeurs éthiques qu'elle s'est
donnés au fil des années, les conflits éthiques auxquels elle a
été confrontée et la manière dont elle les a résolus.

D'après nos études, les salariés participent très peu à l'élaboration de la formalisation. Les larges consultations permettent pourtant d'enquêter sur la perception qu'a l'ensemble
des collaborateurs des principes et valeurs organisationnels qui
doivent guider le comportement éthique dans l'entreprise. Il
importe, en effet, que les valeurs et principes soient le plus possible compatibles avec les systèmes de valeurs personnels de

l'ensemble des membres de l'organisation. Connaître les valeurs partagées est loin d'être simple. Il existe une grande variété de valeurs personnelles, des façons différentes de les organiser en systèmes de valeurs et des interprétations diverses des mêmes valeurs.

Les responsables de la formalisation s'inspirent également des pratiques existantes dans les firmes reconnues comme modèles pour leur propre réflexion (ce qui contribue à l'isomorphisme indiqué p. 18).

La diffusion de l'éthique

Le département des Ressources humaines joue un rôle majeur dans l'opérationnalisation du document éthique.

• *À qui diffuser l'éthique ?* — Les entreprises françaises ont plutôt tendance à communiquer leur document éthique, en priorité, aux cadres. Ces derniers sont chargés ensuite de faire descendre l'information. La politique éthique formalisée est diffusée dans un cadre beaucoup plus structuré dans les filiales de groupes étrangers, avec remise à chaque salarié. Cependant, cette divergence disparaît pour les nouveaux embauchés qui, dans tous les cas, reçoivent systématiquement le document éthique.

L'éthique formelle est également diffusée de façon croissante en externe (candidats au recrutement, fournisseurs…).

• *Comment diffuser l'éthique ?* — La diffusion du document éthique s'accompagne souvent d'un processus de sensibilisation (séminaires de formation, réunions d'information, conférences). Certaines mesures sont prévues pour faciliter la mise en pratique du document, des réunions d'information sont organisées pour expliquer le sens de la démarche : il s'agit d'aider les salariés à comprendre et à appliquer les principes décrits dans le document.

Les documents sont généralement distribués avec une lettre d'accompagnement du président de l'entreprise : cela lui permet de confirmer son engagement et d'insister sur certains points particuliers.

Dans certaines entreprises, le document est annexé au contrat de travail.

Les principes et valeurs mis en avant dans le document éthique figurent parfois dans le livret d'accueil distribué à tous les nouveaux collaborateurs.

Les mécanismes accompagnant la formalisation

Création d'un Comité d'éthique

Au niveau du conseil d'administration de l'entreprise, apparaît un comité d'éthique (composé d'administrateurs) ·ayant pour tâche de suivre l'application de l'éthique formalisée (c'est déjà le cas dans plus de la moitié des grandes entreprises américaines selon Berenbeim [1999]). Ce comité devient le garant de la politique éthique de l'entreprise. Il est chargé de surveiller la conformité des actions des dirigeants et des salariés de l'entreprise avec les normes juridiques et éthiques. Pour ce faire, il doit mettre en place les procédures adéquates pour :
— actualiser la politique éthique formelle, s'assurer de sa diffusion ainsi que de son application ;
— veiller à ce que les filiales étrangères appliquent leur propre politique tout en tenant compte du cadre juridique du pays où elles exercent leur activité ;
— assurer les actions de formation destinées à accompagner la diffusion de cette formalisation.

Nomination de déontologues

Au sein de l'entreprise, apparaissent également des responsables de l'éthique (ou déontologues) nommés par la direction. Weaver *et al.* [1999] indiquent que 54 % des grandes entreprises américaines ont procédé à la nomination d'un déontologue. Cette pratique est en nette expansion : seulement 5 % de ces mêmes entreprises disposaient d'un responsable de l'éthique en 1990. Depuis 1992, un organisme américain, *Ethics Officer Association* (<www.eoa.org>) regroupe les représentants (975 membres en 2003) de plus de 300 grandes entreprises. Son homologue français, le Cercle des Déontologues (émanation du Cercle d'Éthique des Affaires) est de taille plus modeste mais la pratique est tout de même en fort développement.

La responsabilité du déontologue est de veiller au respect de la politique éthique, à sa diffusion interne mais également de rendre compte à sa hiérarchie des comportements observés et de conseiller les collaborateurs de l'entreprise.

Systèmes de dénonciation

En outre, près de la moitié des entreprises américaines ont mis en place des lignes téléphoniques spécifiquement dédiées à l'éthique : elles permettent aux collaborateurs soit de recueillir des conseils pour résoudre leurs propres dilemmes, soit de rapporter les éventuelles violations à l'éthique constatées au sein de leur entreprise.

De plus, 81 % des grandes entreprises américaines disposent, selon Near et Dworkin [1998], de mécanismes de recours internes (comme la politique de la « porte ouverte », voir l'encadré) garantissant l'existence d'une certaine justice procédurale.

Exemple de mécanisme de recours dans une entreprise américaine : la politique de la porte ouverte

La porte ouverte est la possibilité offerte à chacun d'exprimer une réclamation qui n'a pas abouti, au plus haut niveau hiérarchique.

Avant d'avoir recours à cette procédure, le collaborateur estimant ne pas avoir été traité de façon équitable, doit avoir discuté le sujet avec son manager direct ou avec le supérieur de ce manager.

Le responsable saisi du recours, s'il le juge opportun, peut suspendre la décision ou l'action contestée par le salarié jusqu'à la conclusion de la procédure.

La réclamation doit concerner la manière dont la politique du personnel a été appliquée à quelqu'un. Cela couvre des domaines variés : discrimination en terme d'évaluation,

---

promotion, de salaire, d'affectation, harcèlement sexuel, mesures disciplinaires.

Lorsque le responsable reçoit cette plainte, il dispose de 24 h pour envoyer un accusé de réception à l'intéressé et de deux jours pour désigner un enquêteur. Ce dernier doit alors prendre contact avec le plaignant également dans un délai de deux jours. L'enquêteur dispose alors de dix jours pour mener son enquête et formuler ses recommandations. Il doit être accordé au plaignant et à la personne incriminée l'opportunité de présenter leur propre version des faits.

Le responsable s'appuie alors sur ces travaux pour rédiger une lettre à l'employé contenant trois paragraphes : accusé de réception et annonce de l'analyse du cas, présentation des résultats, énoncé des décisions prises.

En parallèle, l'enquêteur recommande les sanctions ou mesures nécessaires. Tout doit être réglé dans les 90 jours. L'ensemble du dossier est détruit trois ans après la clôture de l'enquête. Les éléments d'une porte ouverte ne doivent jamais être insérés dans le dossier individuel du collaborateur. Aucune décision ultérieure ne peut être justifiée par rapport à cette procédure.

Le management doit faire en sorte qu'après une porte ouverte le collaborateur ait l'assurance que son cas a été traité de manière équitable et définitive. Ce formalisme est vu comme la garantie du respect des règles par les différentes parties.

Source : Mercier et Muller [2002].

Séminaires de formation

La formalisation s'accompagne également de séminaires de formation à l'éthique. Selon Weaver *et al.* [1999], 75 % des grandes entreprises américaines ont recours à cette pratique. Pour être efficace, la formation à l'éthique doit contribuer à améliorer le raisonnement éthique des individus :
— en aidant à l'identification de la dimension éthique présente dans toute décision ;

— en légitimant cette dimension comme faisant partie de la prise de décision ;

— en apportant un cadre théorique pour analyser cette dimension éthique et en aidant les individus à appliquer une analyse éthique au quotidien pour identifier les problèmes émergents ;

— en faisant prendre conscience de la nature ambiguë des situations. La bonne solution n'est jamais évidente à identifier et peut être soumise à discussion aussi bien dans l'organisation qu'à l'extérieur.

La formation permet également de sensibiliser les employés à l'importance des normes de conduite dans le travail et favorise une meilleure compréhension de la politique éthique formelle et de son application. Elle démontre aux collaborateurs l'importance qu'il convient d'attacher aux valeurs communiquées et développe un environnement interactif dans lequel on peut discuter librement des problèmes de nature éthique.

Audits éthiques

L'organisation d'un audit annuel (ou périodique) est également une façon de vérifier si les valeurs et règles édictées sont vécues au quotidien. C'est l'occasion d'examiner en profondeur les pratiques de l'entreprise et d'identifier les facteurs qui conduisent (ou sont des incitations potentielles) à des comportements non éthiques. Ainsi, la démarche Danone Way est une démarche de pilotage du développement durable qui permet à toutes les filiales de s'auto-évaluer et d'entrer dans une démarche de progrès continu.

Certaines pratiques réclament une attention toute particulière pour mettre en évidence certaines dérives ou l'existence de risques potentiels vis-à-vis des procédures existantes.

Les grandes entreprises (notamment les distributeurs) sont également conduites à mener des audits auprès de leurs fournisseurs pour s'assurer du respect de certains critères éthiques ou sociaux. En cas de problème détecté, il leur semble généralement préférable, dans une démarche de progrès, de demander des actions correctives plutôt que de rompre la relation (qui ne fait que déplacer le problème dans d'autres activités). Le strict contrôle de l'ensemble de la chaîne de sous-traitance ne semble

toutefois pas aisé (en dépit de l'apparition de normes internationales telles que SA 8000, voir en encadré).

La norme SA 8000

Un organisme américain indépendant, le CEPAA
(*Council on Economic Priorities Accreditation Agency*) a
instauré le 15 octobre 1997, une norme internationale SA
8000 (*Social Accountability*) qui définit les standards
sociaux (fondés sur les conventions de l'OIT) du travail
dans les entreprises. Elle couvre neuf domaines :
— le travail des enfants
— le travail forcé
— l'hygiène et la sécurité
— la liberté syndicale et le droit à la négociation collective
— la discrimination
— les pratiques disciplinaires
— le temps de travail
— les rémunérations
— et les systèmes de management pour se conformer à la
norme.
Ce programme tend à améliorer les conditions de travail
et à informer les acheteurs sur le respect, par l'entreprise,
des règles de production.

Publication de bilans de développement durable

Enfin, l'élaboration de bilans éthiques, sociaux et environnementaux (ou de développement durable) est une pratique en
fort développement (Ben & Jerry's et Body Shop ont publié
leur premier bilan en 1995, British Petroleum en 1996, Shell
en 1998, Danone en 1999). Ils permettent à l'entreprise de
communiquer, aux parties prenantes, les progrès accomplis
dans le domaine éthique. Il ne s'agit pas de présenter une image
embellie au public en vue de le convaincre des intentions pures
de l'entreprise mais de partager les dilemmes avec les parties
prenantes. Il convient de noter que cette pratique est devenue

une obligation pour les entreprises françaises cotées sur un marché réglementé (voir encadré). En Grande-Bretagne, depuis le 1er juillet 2000, la loi oblige les entreprises à publier des informations sur leur politique environnementale.

La loi relative aux Nouvelles Régulations Économiques (NRE)

L'article 116 de la loi du 15 mai 2001 relative aux nouvelles régulations économiques élargit le système d'informations à produire par l'entreprise dans les domaines social et environnemental (le décret d'application est paru le 20 février 2002). Les thèmes sur lesquels l'entreprise doit rendre des comptes ne sont pas déclinés en indicateurs, ce qui laisse plus de souplesse d'adaptation.

Les informations sociales concernent : l'effectif et les embauches, les informations relatives aux plans de réduction d'effectifs et de sauvegarde de l'emploi, les rémunérations, les relations professionnelles, la formation, l'emploi et l'insertion des travailleurs handicapés, l'importance de la sous-traitance, etc.

Les informations environnementales concernent : la consommation de ressources en eau, matières premières et énergie, les mesures prises pour limiter les atteintes à l'environnement, les démarches d'évaluation ou de certification, l'existence de services internes de gestion de l'environnement, etc.

III / Éthique et culture

Éthique et culture d'entreprise

La culture d'entreprise

Le concept de culture d'entreprise est devenu très populaire à partir des années 1980 et beaucoup d'écrits (souvent très normatifs) ont insisté sur son importance dans le succès des entreprises.

De façon plus concise, la culture organisationnelle est un ensemble complexe de valeurs, de croyances, de symboles, de pratiques qui définissent la manière dont une entreprise réalise ses activités (voir schéma 2). C'est une manière spécifique à l'entreprise de répondre à ses problèmes.

Culture organisationnelle : la définition de Schein [1985]

Elle est définie comme un « modèle de postulats élémentaires, inventés par un groupe donné, découverts ou développés en vue de résoudre ses problèmes d'adaptation externe et interne, et qui ont été jugés suffisamment efficaces pour être enseignés à de nouveaux membres en tant que procédure adéquate pour percevoir, penser et ressentir face aux problèmes posés ».

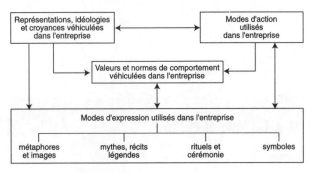

Source : Dion [1994, p. 188].

Chaque organisation a une culture. Parfois, cette culture est fragmentée et difficile à percevoir. Dans d'autres cas, au contraire, la culture est très forte, cohésive et clairement perçue aussi bien par les salariés que par ceux qui se trouvent à l'extérieur de l'entreprise.

L'influence de la culture d'entreprise sur le comportement éthique

La culture organisationnelle est un concept clé pour étudier le comportement éthique. Qu'elle soit forte ou faible, la culture a une profonde influence sur les salariés. Elle touche tous les aspects de la vie quotidienne : système de promotion, de décision, attitude au travail.

La culture remplit plusieurs fonctions :
— elle délimite les frontières de l'entreprise, c'est-à-dire qu'elle crée une distinction entre une organisation et les autres ;
— elle permet de transmettre une certaine identité à ses membres, ce qui facilite la notion d'implication à quelque chose de plus large que la recherche de l'intérêt personnel. Elle peut donc contribuer à augmenter la stabilité du système social ;
— elle est un mécanisme de contrôle qui permet de guider et de façonner les attitudes et les comportements des salariés.

Qu'elle soit vue comme un système de contrôle informel dans l'organisation ou un instrument de domination, la culture est susceptible de donner une direction aux comportements quotidiens.

Deal et Kennedy [1982] considèrent qu'une forte culture organisationnelle comprend les cinq éléments suivants : une philosophie largement partagée ; la vision du personnel comme ressource fondamentale ; des leaders et des héros charismatiques ; des rites et des cérémonies ; des attentes claires à propos de la direction de l'organisation. Quand ces caractères sont présents, la culture joue un rôle décisif dans le fonctionnement de l'organisation. Elle se traduit chez ses membres par un fort sentiment d'appartenance et une affirmation de leur identité propre par opposition aux autres organisations.

• *Une forte culture est-elle toujours une bonne chose ?* — L'éthique peut être au cœur de la culture d'entreprise mais les mythes, symboles, rites et coutumes qui construisent cette culture peuvent aller à l'encontre de l'éthique. Par nature, une forte culture assujettit la responsabilité individuelle, cette dernière laissant la place à la responsabilité collective.

L'éthique d'une entreprise regroupe un ensemble de procédures, de règles qui lui permet d'agir. La culture est la manière de penser de l'entreprise : elle concerne la manière dont les choses ont été faites, elle n'explique pas pourquoi. Le lien éthique-culture apparaît quand l'organisation traverse une crise : pour changer de culture, il faut nécessairement parler d'éthique. Seule la réflexion éthique permet de savoir pourquoi les choses sont faites.

La culture n'est pas un état, elle évolue en permanence parce qu'elle constitue un processus d'apprentissage continu de l'organisation qui se construit au fur et à mesure des réactions de l'entreprise face aux situations nouvelles qu'elle rencontre. Elle est, en effet, façonnée au fil du temps et de l'histoire de l'entreprise : la culture fournit aux individus des solutions pour des situations ambiguës. Elle semble donc jouer le rôle d'un filtre cognitif et constitue pour la collectivité une manière structurée de penser et de réagir.

La culture est donc essentiellement conservatrice, elle est enracinée dans la tradition et reflète ce qui a fonctionné plutôt que ce qui va marcher. Plus la culture est forte, plus il est difficile de la changer. La culture peut donc parfois constituer une contrainte redoutable, susceptible de favoriser l'inertie ou de provoquer l'échec de changements trop brutaux.

Une forte culture signifie un fort contraste entre ce que la culture « sait faire » ou « permet de faire », et ce qu'elle « ne sait pas faire » ou « interdit de faire ». Cela l'expose à certaines impasses :

— l'aveuglement, résultant d'un système de perception trop strict qui canalise trop étroitement l'attention et interdit le développement de vues non conformistes ;

— la répétition obstinée de comportements dont la pertinence n'est pas réexaminée ;

— la rigidité face aux changements majeurs affectant les éléments fondamentaux de la culture.

• *La culture : un concept controversé.* — Il existe une importante controverse relative à l'utilisation de la culture dans l'entreprise.

Les tenants du management culturel considèrent que les salariés ne sont pas à la recherche de leurs propres intérêts mais qu'ils cherchent à s'identifier à l'entreprise. Une approche socio-anthropologique conduit, au contraire, à restituer l'univers culturel des organisations dans toute leur complexité et à critiquer la reformulation du concept de culture comme mécanisme de contrôle des comportements. La culture est vue plutôt comme une création continue d'individus en interaction sociale qui reste souvent inaccessible à l'action volontaire.

La notion de climat éthique

• *La distinction entre climat éthique et culture d'entreprise.* — Le climat éthique d'une organisation est une entité complexe, il est, en fait, une partie de la culture globale d'une organisation.

Le climat est un élément ou une manifestation de la culture organisationnelle et est enraciné dans le système de valeurs de l'entreprise. Dans l'entreprise, le climat éthique est fondé sur les perceptions que les membres ont des normes organisationnelles (procédures et pratiques) relatives au comportement éthique [Victor et Cullen, 1988]. Plus précisément, il s'agit des aspects du climat de travail qui déterminent ce qui constitue un

Le modèle de développement moral de Kohlberg [1984]

Il modélise l'aptitude progressive des individus à se dissocier mentalement d'un point de vue égocentrique pour adopter le point de vue d'un autre. La capacité morale de juger se développe de l'enfance au stade adulte selon un modèle invariant.

Niveau A — niveau préconventionnel
Le bien et le mal sont déterminés en fonction des besoins physiques ou d'événements extérieurs et non en fonction de personnes ou de normes.

Stade 1 : punition et obéissance. On cherche à éviter les difficultés et notamment les punitions. Les conséquences négatives d'une action en définissent le caractère mauvais. Typique du jeune enfant, cette morale consiste à obéir pour éviter d'être puni. Il s'agit d'un point de vue égocentrique, on ne prend pas en compte les intérêts des autres.

Stade 2 : intérêt et échange. Les besoins sont au centre de l'intérêt que l'on porte à soi et aux autres. L'orientation morale reste égoïste : ce qui est bon est ce qui procure du plaisir. Les intérêts d'autrui peuvent être pris en compte, mais seulement dans la mesure où ils permettent la réciprocité dans un rapport « donnant-donnant ».

Niveau B — niveau conventionnel
La moralité des actions se mesure selon leur conformité avec des rôles sociaux positifs et reconnus. On est respectueux de l'ordre conventionnel et des attentes des autres.

Stade 3 : attentes et relations interpersonnelles et mutuelles. Le bon comportement est stéréotypé, on imite le comportement qui prévaut dans l'entourage. La motivation des décisions éthiques obéit aux attentes des autres. Le sujet désire surtout être bien vu des autres, cela peut le conduire à des attitudes conformistes.

Stade 4 : système social et conscience. On respecte l'autorité et l'ordre social pour eux-mêmes, et non seulement pour obtenir un avantage. Les lois de la société deviennent un déterminant important de la décision de l'individu. Ce stade apparaît vers l'adolescence et est celui de la majorité des adultes.

Niveau C — niveau post-conventionnel

La moralité des actions se mesure à l'aide de principes, normes ou devoirs supposés généralisables à tous.

Stade 5 : contrat social et droits individuels. On reconnaît et accepte que la recherche d'un consensus général sur les règles régissant la vie commune et les attentes réciproques comporte des aspects arbitraires.

Le sujet prend conscience de la relativité de certaines règles. La morale peut donc se trouver en contradiction avec la loi. En revanche, les normes morales provenant de contrats entre deux parties engagent celles-ci.

Stade 6 : principes éthiques universels. Ces principes sont utilisés pour résoudre des dilemmes.

L'autre est pris en compte non comme un moyen mais comme une fin. Peu d'individus parviennent à ce stade : moins de 20 % des adultes selon Kohlberg lui-même qui indique que cette phase 6 pourrait être supprimée.

Ce modèle n'est pas exempt de critiques : il se focalise sur la notion de justice, la progression par étapes semble bien rigide (la manière de penser et de résoudre les dilemmes dépend certainement des personnalités).

Adapté de Trevino [1986, p. 605].

comportement éthique au travail. Le climat éthique est donc la perception partagée d'un comportement vu comme juste. La culture est plus étroitement associée avec les niveaux plus profonds de croyances, valeurs et suppositions, alors que le climat est plus facilement observable.

• *Qu'est-ce qui guide le comportement des acteurs organisationnels quand ils se retrouvent face à un dilemme éthique ?* — Le climat éthique influence les attitudes et les comportements en fournissant des informations à propos de l'organisation et en dictant les conduites appropriées. Il affecte donc leur manière d'aborder les problèmes éthiques.

Quand un membre de l'entreprise est confronté à un problème éthique et considère ce que l'organisation voudrait qu'il fasse, il se réfère au climat éthique qui règne dans cette organisation.

Le surcroît d'attention manifesté à l'encontre des comportements non éthiques dans les organisations a conduit au développement de plusieurs modèles de comportement éthique incluant à la fois des variables personnelles (comme le niveau de développement moral de Kohlberg, voir à ce sujet l'encadré) et situationnelles (comme le système de récompenses et sanctions en vigueur, les règles et les codes).

Le rôle des facteurs situationnels est fondamental car les managers ont plus de contrôle sur l'environnement de travail que sur les valeurs ou le développement moral des individus.

Trevino [1986] a développé un modèle (voir schéma 3) qui postule que les perceptions du bon ou du mauvais des individus ne sont pas les seuls déterminants de leurs décisions. En fait, leurs croyances interagissent avec d'autres caractéristiques individuelles et avec la culture de l'organisation.

SCHÉMA 3. — LA PRISE DE DÉCISION ÉTHIQUE

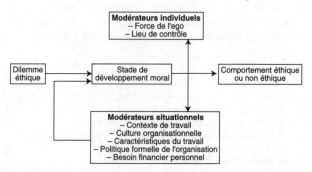

Source : adapté de Trevino [1986, p. 603].

Une culture privilégiant des normes éthiques encourage les membres de l'organisation à se conduire en conformité avec cette éthique. Il est important que les principaux cadres créent et favorisent une culture d'entreprise qui exige et encourage une prise de décision éthique. Le climat éthique est fixé au sommet de l'organisation, l'exemplarité est donc fondamentale.

Le comportement éthique est ainsi directement affecté par le climat éthique qui règne dans l'entreprise. Toutefois, l'influence du climat sur les décisions dépend de deux dimensions :

— de son contenu : les normes qui s'attachent au comportement éthique et les comportements qui sont acceptables ou non ;

— de sa force (ou puissance), c'est-à-dire du degré de contrôle qu'il exerce sur le comportement.

Dans les entreprises où le climat est fort, les normes spécifiant le comportement éthique sont sans ambiguïté et fournissent des réponses claires concernant le comportement éthique.

L'étude de Posner et Schmidt [1984] s'est attachée à recenser les facteurs contribuant aux comportements non éthiques en demandant à mille quatre cents managers de les classer par ordre d'importance en fonction de leur influence sur les comportements (voir tableau 3).

Il convient de noter que le besoin financier personnel se classe à la fin de la liste. L'individu semble donc profondément influencé par les comportements des individus environnants. On peut représenter l'imbrication de ces facteurs qui constituent l'environnement de l'individu (voir schéma 4).

TABLEAU 3. — LES FACTEURS CONTRIBUANT
AUX COMPORTEMENTS NON ÉTHIQUES

---

1 Comportement des supérieurs
2 Comportement des collègues dans l'organisation
3 Pratiques éthiques en vigueur dans l'industrie ou dans la profession
4 Climat moral de la société
5 Politique formelle de l'organisation
6 Besoin financier personnel

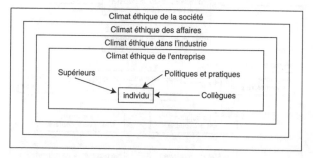

Source : adapté de Carroll et Buchholtz [1999].

L'éthique de l'entreprise fait appel à une politique et à des normes (parfois écrites) qui définissent la manière dont les personnes doivent se conduire au sein d'une organisation.

L'éthique individuelle se rapporte à ce que chacun recherche : il s'agit de valeurs dont une personne hérite en grandissant. Chacun possède sa propre conception du bien et du mal : tout individu est façonné par son éducation, son milieu familial et son environnement social.

Les salariés contribuent à la création du climat éthique par leurs valeurs et leur éthique du travail.

• *La prise de décision éthique.* — La prise de décision est au cœur du processus de management. Dans l'entreprise, les décisions à prendre deviennent très vite complexes et comprennent presque toutes une dimension éthique.

Le schéma 5 présente une conception du processus de décision éthique proposée par Carroll et Buchholtz [1999]. Dans ce modèle, il est demandé à l'individu d'identifier la décision, l'action ou le comportement considéré et d'articuler toutes les dimensions de la solution proposée. Ensuite, il doit soumettre cette solution à un écran éthique (c'est-à-dire un ensemble de principes avec lesquels la solution est comparée).

41

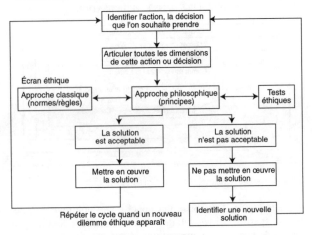

Source : adapté de Carroll et Buchholtz [1999].

Le test d'éthique de Blanchard et Peale [1988] est une illustration du recours à l'approche par les tests (utilisée principalement par les Américains) pour prendre une décision. Il consiste à se poser les trois questions suivantes pour prendre une décision éthique :

1. Est-ce légal ? Est-ce que cela va à l'encontre de la loi ou de la politique de l'entreprise ?

2. Cette décision est-elle équilibrée ? Est-elle équitable aussi bien à court terme qu'à long terme ?

3. Serai-je fier de cette décision ?

Pour parvenir à une décision éthique, il est également possible de chercher à répondre à une série de huit questions formulées par Gene Laczniak et Patrick Murphy [1993] :

1. La décision est-elle légale ?

2. Est-elle contraire aux obligations morales généralement admises dans la société ?

3. Est-elle contraire aux obligations morales de l'entreprise ?

4. L'intention en est-elle dommageable ?

5. Le résultat en est-il dommageable ?

6. Existe-t-il une action alternative qui produirait des bénéfices équivalents ou meilleurs et qui, de ce fait, aurait moins de conséquences négatives ?

7. Enfreindra-t-elle les droits des acteurs susceptibles d'avoir un impact sur le devenir de l'entreprise ?

8. Peut-elle laisser une personne ou un groupe appauvri ?

Ces contributions apportent des réponses concrètes à la résolution de problèmes éthiques dans la culture américaine. Dans le contexte français, la réflexion éthique est abordée différemment.

Éthique et culture nationale

La prise en compte des problèmes éthiques peut être considérée comme un domaine d'application de l'hypothèse de la relativité culturelle des pratiques organisationnelles formulée par Hofstede [1987, p. 10].

Business ethics : la vision américaine

• *L'éthique dans l'entreprise américaine : une préoccupation ancienne.* — L'éthique formalisée est très répandue, plus de 90 % des plus grandes entreprises américaines possèdent une politique éthique formelle.

Historiquement, les entreprises américaines ont été parmi les premières à concevoir en nombre des codes éthiques. L'engouement pour l'éthique n'est donc pas nouveau. Ainsi, en 1913, l'entreprise JC Penney Company avait adopté sept principes de conduite qui reflétaient la philosophie de son fondateur. La pratique de formalisation est déjà répandue dans les années 1920 à tel point que Heermance fait paraître un ouvrage sur la question dès 1924. La première version du credo de Johnson & Johnson date de 1943 : ce dernier a été régulièrement actualisé depuis (voir <www.jnj.com>). Selon Fulmer [1969], 15 à 30 % des grandes entreprises américaines possédaient déjà un code éthique dans les années 1950.

L'étude des problèmes éthiques a toujours été présente dans les départements d'économie et de gestion des universités, et fait partie intégrante des programmes en tant que sujet à part entière depuis le début des années 1970. De nombreuses recherches se concentrent sur l'étude détaillée des dilemmes que rencontrent quotidiennement les gestionnaires.

• *Une vision utilitaire de l'éthique.* — La manière dont les Américains abordent les problèmes éthiques en entreprise relève bien souvent d'une logique utilitariste (voir encadré). L'éthique ne prétend pas servir un idéal, elle est simplement un moyen en vue d'une fin donnée. La finalité est la recherche d'une meilleure image et d'une plus grande rentabilité pour l'entreprise.

L'éthique est vue comme une source de profit et de réussite. La formalisation de l'éthique est sous-tendue par la croyance que l'éthique est essentielle à la réussite commerciale et financière : « *Ethics pays* », ou encore « *Ethics is good business* ». Elle repose donc sur la morale de l'intérêt bien compris.

L'éthique est vue comme une clé stratégique pour la survie et la rentabilité des firmes engagées dans une concurrence farouche et mondiale.

L'utilitarisme

Cette doctrine fonde la valeur d'une action non pas sur des principes *a priori*, mais sur le principe d'utilité. Pour le fondateur de l'école utilitariste, Jeremy Bentham (1748-1832), les sujets humains sont régis par la logique égoïste du calcul des plaisirs et peines, ou encore par leur seul intérêt. Il considère que la nature a placé l'humanité sous le gouvernement de deux souverains maîtres, la douleur et le plaisir.

Dans toute action, les sujets cherchent :
— l'excédent maximal des plaisirs sur les souffrances ;
— le plus grand bien pour le plus grand nombre.

Le critère d'évaluation de la moralité est l'utilité de l'acte, déterminée par l'ensemble de ses conséquences.

Le bien-être collectif est défini comme la somme du bien-être des individus qui composent la collectivité considérée. [Voir également Arnsperger et Van Parijs, 2000.]

• *Une éthique contractuelle.* — Les préoccupations éthiques ne s'ajoutent pas aux pratiques managériales, elles constituent le fondement de l'organisation de l'entreprise et du comportement de ses représentants à l'égard des parties prenantes.

La démarche éthique correspond à la volonté de rendre explicite la forme sociale contractuelle de l'entreprise. Cela facilite l'absorption des tendances individualistes et opportunistes de certains acteurs qui n'éprouvent plus de sentiment de loyauté d'entreprise. De plus, le pluralisme des intérêts et la diversité des valeurs des salariés sont respectés : l'essentiel est qu'il y ait un accord sur des règles générales de conduite respectant des principes normatifs mais négociables d'efficacité et de légitimité. Il convient donc d'établir des règles du jeu communes dans l'entreprise, mais ces principes ne remettent pas en cause les convictions profondes de chacun. Les codes éthiques américains sont une clarification contractuelle entre l'employeur et le salarié : ils délimitent soigneusement les responsabilités respectives de chacun.

• *Une approche légaliste et formelle de l'éthique.* — Les démarches éthiques se sont développées à la suite de la pression juridique.

L'éthique formalisée constitue un moyen juridique de dégager la responsabilité de l'entreprise en cas d'agissements illégaux d'un salarié. Les États-Unis cherchent à supprimer les comportements non éthiques en les déclarant hors la loi.

La manière la plus commune et la plus aisée pour les entreprises de répondre à leurs responsabilités éthiques est de rédiger un code éthique. Les Américains ont une propension à codifier de manière quasi légale les relations sociales.

L'adoption du *Foreign Corrupt Practices Act* en 1977 (voir encadré) est à l'origine de l'énorme croissance des codes éthiques. En effet, nombre d'entreprises étaient impliquées dans des affaires illégales ou douteuses à l'étranger et l'appel à la régulation était de plus en plus pressant. En vertu de cette loi, la corruption de hauts fonctionnaires étrangers par des citoyens américains est passible de poursuites pénales.

Beaucoup d'entreprises ont développé, étendu ou modifié leur code de conduite pour montrer leur accord avec l'esprit de la loi. Au début des années 1980, 75 % des grandes entreprises

Le *Foreign Corrupt Practices Act* (1977)

Il contient deux dispositions :
— il impose de fortes amendes et des peines de prison aux personnes compromises dans des affaires de corruption ;
— il demande aux entreprises de maintenir un système adéquat de contrôle interne des comportements.

disposaient d'une éthique formelle [White et Montgomery, 1980].

Plus récemment, la législation adoptée par le Congrès et les directives des commissions fédérales, en particulier le *Sentencing Reform Act* (1984) et les *Federal Guidelines for Sentencing Organisations* (1991 ; voir encadré), permettent au gouvernement américain de surveiller les pratiques des entreprises par le biais du système judiciaire. La commission Treadway en 1987 a également son importance : parmi les recommandations suggérées pour réduire la fraude financière, figure l'adoption des codes de conduite. Les directives contenues dans le texte sur les *Federal Guidelines For Sentencing Organisations* ont pour objet de promouvoir une nouvelle politique pour lutter contre les infractions commises par les entreprises.

L'esprit de ce texte est véritablement novateur car il met l'accent sur l'importance de la prévention par rapport à la sanction. Il prévoit un traitement plus clément si les entreprises incriminées peuvent démontrer qu'elles possèdent un programme effectif de prévention et de détection des violations de la loi : ces garde-fous, s'ils sont mis en œuvre, peuvent permettre à une entreprise de réduire, à hauteur de 95 %, le montant de l'amende à payer.

Ce système doit conduire à une autorégulation croissante des comportements : toute latitude est laissée aux entreprises dans la manière d'élaborer un tel programme puisqu'il doit être adapté au contexte de chaque organisation. Ce texte a eu un impact important sur le comportement des entreprises américaines : création et amélioration des politiques éthiques des

Federal Guidelines For Sentencing Organisations (1991)

Ce texte impose aux juges et procureurs des tribunaux fédéraux de prendre en compte un certain nombre de circonstances atténuantes ou aggravantes, lorsqu'une entreprise fait l'objet de poursuites judiciaires, avant de prononcer leur verdict.

Les circonstances atténuantes sont au nombre de quatre :
— le fait que les dirigeants ignoraient l'existence de l'infraction ;
— la volonté de coopérer avec la justice ;
— les dispositions prévues par l'entreprise pour remédier aux dommages, punir les individus et prévenir les récidives ;
— l'existence d'un programme efficace de prévention et de détection des délits au moment où l'infraction a été commise.

Le texte recommande aux organisations d'adopter sept dispositions qui leur permettent de prouver qu'elles consacrent d'importants efforts dans le domaine de la prévention et de la détection des délits :

1. Établir des principes et procédures devant guider les comportements éthiques.

2. Nommer un ou plusieurs responsables de l'éthique dans l'organisation pour suivre l'application de ces principes et procédures.

3. Veiller à ce que ces responsables soient reconnus pour leur intégrité (importance de l'exemplarité).

4. Communiquer de manière efficace ces principes et procédures à tous les employés (en organisant des sessions de formation ou en distribuant des publications expliquant le sens et l'étendue d'application de ce qui est demandé).

5. Mettre en place des mécanismes de contrôle afin d'encourager les membres de l'organisation à se conformer à ces principes.

6. Mettre en place un système de sanctions en cas de violation de ces règles et procédures.

7. Après détection d'un délit, prendre des dispositions pour éviter les récidives.

entreprises. Plus de 40 % des grandes entreprises ont amélioré leur manière de traiter les problèmes éthiques en suivant les recommandations du texte.

Dans le contexte américain, le document éthique a une valeur juridique, il est composé des directives professionnelles émises par l'employeur sur le fondement de son pouvoir d'organisation et de direction de l'entreprise. Cela protège la firme contre les comportements illégaux. Le non-respect des règles est considéré comme une faute grave susceptible d'entraîner la résiliation du contrat de travail.

Ce recours à la formalisation éthique suscite de nombreuses critiques. Il est perçu par certains comme un écran commode derrière lequel les entreprises peuvent poursuivre impunément leur expansion. De même, la législation américaine peut laisser croire qu'il suffit à une entreprise d'édicter une charte éthique pour se mettre à l'abri.

Le Japon : une éthique communautaire

Durant les années 1980, la réussite japonaise fut mise en avant par la littérature en gestion.

• *L'héritage culturel du peuple japonais.* — Yoneyama [1995] montre que la culture japonaise est fortement influencée par trois courants de pensée : le confucianisme, le bouddhisme et le shintoïsme. Ces trois courants ont contribué à constituer la vision du monde et les valeurs qui sont propres au peuple japonais.

Le confucianisme, introduit au VIᵉ siècle, a contribué à établir la structure de la société japonaise. Selon Confucius, l'homme doit posséder quatre vertus cardinales : charité, loyauté, piété filiale et politesse. Le régime féodal s'est servi de cette théorie pour établir une hiérarchie sociale rigide et pour la légitimer. Ces valeurs persistent encore solidement à la base de la mentalité japonaise : dévouement à la nation, paternalisme envers les salariés, confiance.

Le bouddhisme connaît plusieurs écoles et c'est surtout l'école zen qui a influencé la culture japonaise et la conscience éthique du peuple japonais. L'enseignement du zen a été introduit pour la première fois au Japon au XIIᵉ siècle et a fortement marqué l'éthique du travail. Le travail n'est pas vu comme une « corvée » mais comme un acte sacré. L'homme dévoué à son travail est beau et admirable. Le travail est compris comme l'expression personnelle de la force vitale. Alors que les managers occidentaux donnent la priorité à l'innovation, les Japonais mettent l'accent sur le *kaizen* (amélioration continue des produits, des méthodes de travail et des processsus de décision).

Quant au shintoïsme, il est né au Japon et est fondé sur des mythes anciens qui remontent à l'Antiquité. Il se caractérise par son animisme : les divinités et les esprits sont censés animer la nature. Cette vision du monde a rapproché l'esprit du peuple japonais de la nature et a créé un rapport émotionnel envers elle. Yoneyama [1995, p. 198] fait ainsi remarquer que les Japonais n'ont pas l'habitude d'agir selon des principes universels, mais en fonction d'un état émotionnel. Ce qui importe, c'est le regard de la société et des autres individus.

• *L'éthique de l'entreprise japonaise.* — Elle semble profondément cohérente avec certaines caractéristiques fondamentales de la civilisation japonaise. Environ 40 % des grandes entreprises ont formalisé leur éthique [Nakano, 1999, p. 337].

Catherine Langlois [1993, p. 317] s'est livrée à une comparaison des documents éthiques occidentaux et japonais. La formalisation éthique dans les entreprises japonaises peut être décrite comme un instrument d'identification sociale (sentiment d'appartenance au groupe) et d'internalisation (incorporation des valeurs du groupe dans son propre système de valeurs). Les principes éthiques sont considérés comme un fondement de la réussite.

Les entreprises tentent de faire passer des qualités émotionnelles pour promouvoir un climat éthique dans l'organisation. Les documents ayant une dimension éthique au Japon contiennent peu d'informations spécifiques. Ils comprennent essentiellement des déclarations de nature philosophique qui parlent des normes culturelles qui transcendent l'entreprise (voir encadré).

L'éthique du travail comprend des valeurs traditionnelles telles que la loyauté envers l'entreprise, le dévouement et l'accomplissement de soi. Harmonie, coopération, confiance et bonheur sont les mots clés concernant l'attitude des salariés.

La philosophie du groupe Matsushita (1929)

« Assumant nos responsabilités d'industriels, nous devons nous consacrer au progrès et au développement de la société et au bien-être d'autrui par nos activités professionnelles, améliorant ainsi la qualité de la vie dans le monde. »

Les sept principes de base de Matsushita

1. Contribution à la société
Nous devons toujours nous conduire selon les Objectifs de base de management, assumant nos responsabilités d'industriels vis-à-vis des communautés pour lesquelles nous travaillons.

2. Équité et honnêteté
Nous devons être justes et honnêtes dans toutes nos relations professionnelles ainsi que dans notre conduite personnelle. Peu importe nos talents et nos connaissances, sans intégrité personnelle nous ne pourrons gagner ni le respect des autres, ni le nôtre, et ne pourrons faire progresser l'esprit d'équipe.

3. Coopération et esprit d'équipe
Nous devons mettre nos compétences ensemble pour réaliser nos objectifs communs. Peu importe nos talents en tant qu'individus car, sans la coopération et l'esprit d'équipe, nous n'aurons d'Entreprise que le nom.

4. Effort inlassable pour le perfectionnement
Nous devons constamment perfectionner nos capacités de contribution à l'égard de la Société grâce à nos activités professionnelles. Ce n'est que par ces efforts constants que nous atteindrons nos objectifs de base de management et contribuerons à la réalisation d'une Paix et d'une Prospérité durables.

La culture japonaise fait la promotion de relations de confiance et les anciens doivent offrir aide et amitié aux jeunes salariés.

L'accent est mis sur la collectivité et le mot d'ordre « la contribution à la nation » se trouve dans un grand nombre de credo des entreprises japonaises. La mission et la raison d'être des entreprises consistent alors à contribuer au développement et à la prospérité de la nation.

La sauvegarde de l'harmonie sociale est également exprimée dans la plupart des philosophies d'entreprise. Cela exige de chacun qu'il renonce à son opinion une fois que la décision est prise pour l'ensemble. La valeur du groupe précède celle de l'individu et chacun doit apprendre à se résigner pour l'intérêt et le respect de son groupe.

La priorité donnée aux clients constitue aussi un pilier de l'éthique des entreprises japonaises : une grande partie de leurs actions convergent autour de ce principe.

La confiance est un autre grand principe du comportement japonais : les relations client-fournisseur privilégient la stabilité.

• *Les problèmes éthiques de la communauté japonaise.* — Iwao Taka [1994] aborde trois problèmes cruciaux : la discrimination, la dépendance des salariés à l'égard du groupe et le repli sur soi.

La discrimination : de nombreuses entreprises insistent sur le fait que chacun doit être traité avec équité. Cependant, la tradition joue favorablement pour les hommes. Les Japonaises sont supposées s'accomplir à travers la réalisation des tâches domestiques. Or, de plus en plus de femmes travaillent en entreprise et espèrent pouvoir délaisser les travaux de routine pour effectuer des tâches plus stimulantes. De telles discriminations n'ont pas encore disparu de la société japonaise. La tradition est également souvent utilisée pour accuser certains employés de paresse.

Les Japonais éprouvent des difficultés à changer de travail ou d'entreprise : cela provient de la croyance (souvent inconsciente) que n'importe quel travail ou n'importe quelle entreprise peut mener au plus haut niveau de développement si l'on y consacre suffisamment d'efforts. Ainsi, malgré des différences importantes dans le contenu des emplois selon les entreprises, la croyance veut que l'on puisse y atteindre le même but.

La dépendance des salariés à l'égard du groupe : les individus répugnent à donner leur propre opinion lorsqu'ils sont confrontés à des problèmes éthiques. Les entreprises japonaises ont parfois tendance à exclure la participation des salariés à la prise de décision. Les autres opinions ne sont pas toujours prises en compte. En échange de la sécurité de l'emploi, les employés de base posent rarement de questions sur les décisions prises par le management, même si ces décisions vont à l'encontre de ce que leur dicte leur conscience.

Ces salariés ont tendance à obéir aux ordres de l'organisation même s'ils les désapprouvent et si ces ordres vont à l'encontre de leur intérêt personnel. Si une confrontation apparaît entre le groupe et ses membres, le leader demandera aux membres de suivre les ordres du groupe. Dans la plupart des cas, il sera entendu car chacun croit implicitement que le groupe a sa propre raison d'être. Cette dépendance des salariés à l'égard du groupe a deux conséquences importantes sur la conduite des individus. Elle les oblige, d'une part, à consacrer leur temps et leur énergie au travail. Ce climat de travail peut mettre en danger la vie des employés et gêne l'épanouissement de la personne humaine. Le *karoshi* (mort causée par excès de travail) en est une illustration : il est bien évidemment très difficile de trouver un lien direct et quantifiable entre l'excès de travail et le décès, mais cela montre que la logique de groupe peut se transformer en obéissance inconditionnelle.

Elle conduit, d'autre part, la base à ne pas se sentir responsable des décisions qui sont adoptées. Comme l'autorité et la responsabilité des individus ne sont pas clairement définies dans les entreprises japonaises, les employés ne considèrent pas leur participation aux comportements non éthiques comme relevant de leur propre responsabilité.

Le repli sur soi : la communauté japonaise doit faire un effort pour aider les étrangers à comprendre le concept d'éthique réciproque de long terme. Il s'agit de traiter les entreprises étrangères de la même façon que les firmes japonaises. Cela signifie que les entreprises japonaises doivent appliquer les mêmes principes éthiques à toutes les entreprises.

Existe-t-il une vision européenne de l'éthique en entreprise ?

L'Europe est un ensemble de nations engagées depuis plusieurs décennies dans un processus d'unification économique, politique et même sociale. Cependant, l'éthique, en tant qu'institution sociale, ne peut rester insensible aux différentes traditions et convictions dans lesquelles elle se construit.

Comparés aux Américains, les Européens semblent plus réticents à aborder publiquement les problèmes éthiques par peur d'être exposés à la critique, et utilisent souvent des moyens indirects pour exprimer des responsabilités éthiques (législations, négociations avec les partenaires sociaux) [Enderle, 1996, p. 37]. Toutefois, en matière de réflexion éthique en entreprise, on reconnaît une antériorité aux pays germaniques (Allemagne, Pays-Bas) et scandinaves face aux pays du Sud européen. Les travaux de Langlois et Schlegelmilch

[1990] ont montré que le développement de la formalisation éthique était une pratique d'origine américaine qui s'était répandue en Europe par l'intermédiaire des filiales américaines.

• *Les différences culturelles dans la façon d'aborder les problèmes éthiques.* — Le concept d'entreprise varie selon les cultures. En Europe occidentale et au Japon, l'entreprise est une institution sociale qui semble traditionnellement ouverte aux intérêts des parties prenantes.

Dans le monde anglo-saxon, l'entreprise est vue plutôt comme une institution privée définie par un ensemble de relations entre le principal et l'agent. Les propriétaires du capital, trop occupés et trop nombreux pour en assumer la responsabilité eux-mêmes, engagent des managers pour s'occuper de leurs affaires.

En Allemagne, la réflexion éthique repose sur une forte tradition en philosophie fondamentale et métaphysique. L'analyse du soubassement théorique de l'éthique des affaires est donc une préoccupation fondamentale. L'éthique est souvent traitée comme une quête vers la justification (comment justifier les normes et les valeurs ?) plutôt que comme l'analyse de dilemmes éthiques spécifiques. La réponse à la question de la justification est à chercher dans une éthique discursive ou éthique du dialogue (ce qui renvoie aux travaux de Habermas par exemple).

Contrairement aux Français, les auteurs allemands ont réussi à surmonter les querelles portant sur la distinction entre éthique et morale : la morale désigne l'objet (les règles, valeurs et conflits factuels existant dans la vie des affaires) d'une réflexion scientifique que l'on appelle éthique des affaires. Les Allemands ont établi, par branches professionnelles, des codes de déontologie spécifiant les bonnes pratiques à observer. C'est plutôt par un renforcement du cadre institutionnel que l'on cherche à maîtriser les pratiques abusives sévissant à tous les niveaux de la société [Seidel et Schlierer, 1996, p. 21].

En France, la tradition intellectuelle fait que l'on ne peut légitimer l'éthique des affaires comme discipline du management sans référence philosophique [Pesqueux et Biefnot, 2002]. Cela prend souvent la forme de commentaires sur des textes classiques. La philosophie éthique en tant que discipline à part entière est sous-développée. D'après Gélinier [1991,

p. 154], la transposition simpliste de la vision américaine de l'éthique se heurte à d'importants obstacles culturels :

— une certaine tradition chrétienne répugne à ce que les règles de l'entreprise traitent des problèmes réservés à la conscience intime de chacun ;

— une certaine tradition technocrate et jacobine répugne à ce que l'entreprise puisse avoir un rôle actif sur le plan des valeurs, domaine réservé à la souveraineté nationale s'exprimant par ses lois et ses tribunaux. Une forte opposition idéologique a longtemps marqué le rapport de la société à l'entreprise. La formalisation concerne tout de même la moitié des grandes entreprises françaises.

Par rapport à l'Allemagne ou à la Grande-Bretagne, la France possède, en outre, la spécificité d'avoir de plus faibles connexions avec les entreprises américaines.

La vision française de la réflexion éthique appliquée à l'entreprise reste à définir : elle cherche sa voie entre idéalisme et utilitarisme.

La philosophie britannique est traditionnellement marquée par l'empirisme. On note d'importantes similarités avec le développement de la réflexion éthique aux États-Unis. Il s'agit d'une approche qui se veut pragmatique avant tout. La pratique de formalisation est en fort développement — selon l'Institute of Business Ethics, 60 % des grandes entreprises possèdent un document éthique en 2000 (contre 18 % en 1987 et 47 % en 1995).

Les cultures nationales respectives « produisent » donc des valeurs qui vont configurer les discours pratiques et théoriques sur l'éthique [Seidel et Schlierer, 1996, p. 17]. Cependant, la rapidité avec laquelle la réflexion éthique a pu trouver place dans les universités et dans le discours public dans la plupart des pays européens témoigne de l'universalité des problèmes dont elle fait son objet.

IV / Éthique et responsabilité

La notion de responsabilité évoque l'obligation de répondre de ses actions, de les justifier (en fonction de normes morales et de valeurs) et d'en supporter les conséquences.

Le débat sur la responsabilité sociale de l'entreprise

Naissance du concept de responsabilité sociale

Le débat sur les responsabilités des dirigeants n'est pas récent. Les pratiques philanthropiques, le paternalisme [voir à ce sujet Ballet et Bry, 2001] se développent dans les entreprises dès le XIXᵉ siècle. D'un point de vue théorique, l'article pionnier de Clark [1916] ainsi que les premiers travaux portant sur la gouvernance d'entreprise (voir en encadré la controverse ayant opposé Berle à Dodd en 1932) ont porté sur la question de l'élargissement des responsabilités de l'entreprise.

Ainsi, Berle et Means [1932] constatent le développement d'une pression sociale s'exerçant sur les dirigeants pour qu'ils reconnaissent leur responsabilité auprès de tous ceux dont le bien être peut être affecté par les décisions de l'entreprise. Décrivant l'évolution probable du concept d'entreprise, ils indiquent que « *le contrôle des grandes entreprises devrait conduire à une technocratie neutre équilibrant les intérêts des différents groupes de la communauté* » [p. 312].

Cette idée est reprise par Barnard [1938] qui avance l'idée que l'entreprise doit équilibrer les intérêts concurrents des différents participants dans le but de maintenir leur coopération nécessaire.

Éthique de conviction ou éthique de responsabilité ?

L'éthique de la conviction est formulée par Kant (1724-1804) dans son impératif catégorique : « Agis uniquement d'après la maxime qui fait que tu peux vouloir en même temps qu'elle devienne une loi universelle. »

Un comportement éthique doit donc satisfaire trois conditions : être valide universellement ; respecter les êtres humains comme individus ; être acceptable pour tout être rationnel, de telle sorte que, si les rôles étaient inversés, les parties concernées seraient toujours d'accord.

Le succès possible de l'action n'est donc pas pris en considération, on juge les actions en fonction de leur conformité avec une obligation morale. Celui qui adhère à une éthique de la conviction agit selon son système personnel de valeurs, sans référence aux conséquences de ses actes. L'éthique est liée aux seules intentions précédant l'action et non plus aux conséquences que celle-ci engendre.

Ce problème a été évoqué par Weber : « Pour atteindre des fins "bonnes", nous sommes la plupart du temps obligés de compter avec, d'une part, des moyens malhonnêtes ou pour le moins dangereux, et d'autre part, la possibilité ou encore l'éventualité de conséquences fâcheuses » [1959, p. 207].

Il énonce l'éthique de la responsabilité : « Nous devons répondre à des conséquences prévisibles de nos actes » [p. 206]. Cette éthique est exigeante : l'homme a des responsabilités diverses et il lui est difficile de les assumer toutes ensemble.

Selon Carroll [1999], le véritable père fondateur de la responsabilité sociale de l'entreprise est Bowen [1953]. Il la définit comme l'obligation pour les dirigeants de poursuivre les politiques, de prendre les décisions qui sont en cohérence avec les valeurs de la société. Il prône également le recours à des audits sociaux pour évaluer la performance sociale de l'entreprise.

Les années 1960 conduisent à préciser ce que recouvre la
responsabilité sociale. Davis indique que la responsabilité
sociale renvoie aux décisions et actions prises par les dirigeants
pour des motifs qui dépassent les seuls intérêts économiques ou
techniques [1960, p. 70].

Le concept de responsabilité sociale de l'entreprise oscille
entre deux extrêmes : l'un réduit la responsabilité de l'entreprise à l'obtention du profit (le plus important possible) pour
ses actionnaires, et l'autre étend la responsabilité de la firme à
tous les acteurs ayant un intérêt dans l'entreprise.

Le débat concerne la finalité de l'entreprise ; son rôle est-il
d'enrichir ses actionnaires (voir encadré) ou peut-il être plus
large ?

Milton Friedman : une éthique minimale

« La responsabilité sociale de l'entreprise est d'accroître
ses profits. » Ce texte est paru dans le *New York Times
Magazine*, le 13 septembre 1970. Il est écrit que la seule
responsabilité d'une entreprise consiste à « utiliser ses ressources et à s'engager dans des activités destinées à
accroître ses profits, pour autant qu'elle respecte les règles
du jeu, c'est-à-dire celles d'une compétition ouverte et libre
sans duperie ou fraude » [p. 126]. Les droits élémentaires
des différents participants sont reconnus légalement.

Pour Friedman, la responsabilité sociale de l'entreprise
est une doctrine fondamentalement subversive. Du point de
vue strictement économique, il a raison : la seule responsabilité de l'entreprise est de maximiser sa richesse et donc
celle de ses propriétaires. Or, selon la théorie néo-clas-
sique à laquelle il adhère, cette maximisation va entraîner à
son tour celle du bien-être social général (égoïsme éthique).
Il argumente également sur le fait que l'entreprise est une
simple fonction de production et ne peut avoir de responsabilité : seules les personnes ont des responsabilités. Les
dirigeants ne sont que les agents de l'entreprise.

Friedman rejoint Theodore Levitt [1958] qui affirme en
dénonçant les dangers de la responsabilité sociale :
« Comme dans une bonne guerre, il [le gestionnaire] doit
lutter avec courage, bravoure et surtout pas moralement. »

L'évolution du concept

Les travaux de Preston & Post [1975] ouvrent la voie vers
une optique managériale de la prise en compte de la dimension
sociale des activités économiques. La *Corporate Social Res-
ponsiveness* se centre sur la capacité de l'entreprise à répondre
d'elle-même aux pressions sociales et aux attentes de la société.

**Responsabilités
discrétionnaires**
La société ne possède
pas de message clair,
le comportement est laissé
à l'appréciation de chacun.

Responsabilités éthiques
Il s'agit de responsabilités
supplémentaires (non codifiées dans
des lois). Ces responsabilités sont attendues
par la société et visent à respecter les droits
des parties prenantes.

Responsabilités juridiques
La société fixe le cadre légal dans lequel l'entreprise
opère. Il est de sa responsabilité d'obéir à ces lois
(éthique imposée et codifiée).

Responsabilités économiques
L'entreprise est une institution dont l'objectif est de produire
les biens et services que la société désire et de les vendre avec profit
(besoin d'assurer sa survie et de récompenser ses investisseurs).

Source : adapté de Carroll [1979].

Pour augmenter sa performance financière, l'entreprise doit agir de façon responsable en intégrant les attentes de la société sur la façon dont elle doit fonctionner.

La contribution de Carroll [1979, p. 500] a le mérite, en combinant ces différents aspects de la responsabilité, de clarifier cette notion et fait encore aujourd'hui référence. Il distingue quatre types de responsabilités en fonction des attentes exprimées vis-à-vis de l'organisation (voir le schéma).

La responsabilité globale comprend ces différents composants (qui sont d'ailleurs constamment en tension les uns avec les autres). Dans chaque composant, les parties prenantes sont hiérarchisées de façon différente. Carroll rappelle toutefois que la responsabilité fondamentale de l'entreprise est d'ordre économique. Les responsabilités éthiques et discrétionnaires recouvrent ce que l'on entend généralement par responsabilité sociale de l'entreprise.

La théorie des parties prenantes

Les utilisations de la théorie des parties prenantes [Donaldson et Preston, 1995]

— Dans une optique descriptive, l'entreprise est appréhendée comme une constellation d'intérêts coopératifs et concurrents ; les organisations ont des parties prenantes et leurs activités ont des impacts sur ces *Stakeholders* ; la théorie constitue alors un outil d'analyse des pratiques menées par les entreprises en matière de responsabilité sociale ;

— dans une vision instrumentale, la recherche porte sur la nature des connexions entre gestion des relations avec les parties prenantes et performance organisationnelle. Pour atteindre l'objectif de création de valeur, il convient de prendre en compte les intérêts des *Stakeholders* ;

— enfin, d'un point de vue normatif, l'analyse se centre sur la légitimité des intérêts des parties prenantes et leur prise en compte dans la gouvernance de l'entreprise. La théorie peut conduire, par exemple, à formuler et prescrire des actions managériales en faveur de la responsabilité sociale.

Donaldson et Preston mettent en évidence le caractère managérial de l'approche : la théorie est un cadre qui permet de décrire, évaluer et gérer les responsabilités de l'entreprise.

Le concept de *Stakeholder* a été d'abord mobilisé en management stratégique [Freeman, 1984 ; Martinet, 1984] avant de devenir incontournable dans les réflexions centrées sur les systèmes de gouvernance des entreprises [Blair, 1995 ; Charreaux & Desbrières, 1998]. La théorie des parties prenantes (voir l'encadré) est également devenue la référence théorique dominante dans l'abondante littérature (principalement anglo-saxonne) portant sur l'éthique organisationnelle.

L'intérêt principal de la théorie des parties prenantes est de mettre en évidence une vision pluraliste de l'organisation, entité ouverte sur son environnement et de fonder une vision partenariale des organisations, associant les dirigeants à l'ensemble des parties prenantes (voir le schéma).

SCHÉMA 6. — L'ORGANISATION ET SES PARTIES PRENANTES

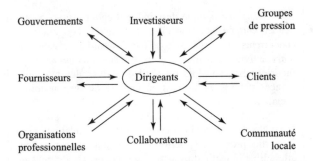

Source : Donaldson et Preston [1995, p. 69].

La conception traditionnelle qui privilégie les actionnaires (*Shareholder Theory*) est intégrée dans une vision plus large : les considérations financières conservent leur prééminence mais elles ne sont plus les seules.

La capacité des dirigeants, appréhendés comme les agents des parties prenantes, à aligner priorités et actions de leur entreprise avec les besoins et droits de ces *stakeholders*, semble constituer un facteur critique de la performance organisationnelle.

Le dirigeant est au centre d'un réseau contractuel composé de parties prenantes internes et externes. L'approche se centre sur leur capacité à équilibrer les intérêts des différents *Stakeholders* (voir l'encadré).

Les principes de gestion des *Stakeholders*
[*Clarkson Centre for Business Ethics*, 2002, p. 260]

1 – Les dirigeants devraient reconnaître et surveiller activement les attentes de toutes les parties prenantes légitimes. Leurs intérêts devraient être convenablement pris en compte dans les décisions et actions prises dans l'entreprise.

2 – Les dirigeants devraient écouter et communiquer ouvertement avec les *Stakeholders* concernant leurs attentes et contributions et les risques qu'ils supportent du fait de leur implication dans l'entreprise.

3 – Les dirigeants devraient adopter des comportements qui sont sensibles aux préoccupations et compétences de chaque *Stakeholder*.

4 – Les dirigeants devraient reconnaître l'interdépendance des efforts et récompenses parmi les *Stakeholders* et devraient essayer d'effectuer une juste distribution des bénéfices et charges de l'activité entre eux, en tenant compte de leurs risques et vulnérabilités respectifs.

5 – Les dirigeants devraient coopérer avec les autres entités (publiques et privées) pour s'assurer que les risques et dangers provenant des activités de l'entreprise soient minimaux et quand ils ne peuvent être évités, soient compensés de façon appropriée.

6 – Les dirigeants devraient éviter toute activité qui pourrait mettre en danger les droits humains inaliénables ou qui conduirait à des risques jugés inacceptables par les parties prenantes concernées.

7 – Les dirigeants devraient reconnaître les conflits d'intérêts potentiels entre leur statut de *Stakeholder* et leurs responsabilités légales et éthiques envers les intérêts des autres parties prenantes. Ils devraient aborder ces conflits de façon ouverte, mettre en place des systèmes de reporting et d'incitation, et demander des audits à des tiers si nécessaire.

L'entreprise doit avoir pour objectif de créer de la valeur pour ses participants et ce d'une manière responsable. La théorie plaide pour un dépassement de la notion de propriété légale de l'entreprise : le salarié peut être tenu pour le propriétaire de ses compétences, le collectif organisationnel pour le propriétaire de ses routines. L'entreprise n'est pas seulement un ensemble de droits de propriété se rattachant à ceux qui assument le risque résiduel (les actionnaires), c'est aussi une institution sociale.

Cette approche n'est pas exempte de critiques : pour Jensen [2002], elle ne permet pas de prendre de véritables décisions dans l'entreprise et laisse les dirigeants libres de leurs choix (ce qui favorise leur opportunisme).

Cela conduit à un débat central concernant le statut de l'éthique dans la gouvernance d'entreprise.

Éthique actionnariale ou partenariale ?

La vision actionnariale de la gouvernance se focalise exclusivement sur les relations actionnaires-dirigeants. La préoccupation essentielle est de s'assurer que ceux qui financent l'entreprise obtiennent un juste retour sur investissement. L'éthique consiste à limiter le plus possible l'enracinement des dirigeants (suspectés d'opportunisme) et à protéger les intérêts des petits actionnaires. Selon les partisans de cette approche, tout ce qui sert les intérêts des actionnaires contribuera à améliorer le bien-être collectif (on retrouve l'argument de l'égoïsme éthique). La création de valeur actionnariale serait donc de l'intérêt des autres *Stakeholders*.

Dans l'approche partenariale, l'éthique vise à s'assurer que les intérêts des parties prenantes sont sauvegardés et leurs droits respectés. Un renversement de perspective s'effectue par rapport au modèle actionnarial : la prise en compte des aspects sociaux à long terme doit bénéficier à toutes les parties prenantes, y compris aux actionnaires.

Les responsabilités de l'entreprise vis-à-vis de son personnel : éthique et gestion des ressources humaines

La gestion des ressources humaines dans l'entreprise fait référence à des préoccupations éthiques importantes. La relation entre le salarié et son employeur est fondamentalement inégale.

La notion de justice organisationnelle [Greenberg, 1990] est devenue centrale pour appréhender cette question. Elle comprend la justice distributive et procédurale :

— la justice distributive concerne le contenu et l'équité des résultats atteints. Il s'agit de la perception du salarié de sa situation au regard de celle des autres membres de l'organisation.

— la justice procédurale concerne la façon dont les procédures sont jugées comme équitables. Les membres organisationnels sont certes concernés par le contenu des décisions mais aussi par les procédures utilisées pour déterminer ce qui est équitable. La recherche de la justice procédurale, la mise en place de procédures indépendantes et systématiques permettant d'assurer l'équité est donc fondamentale dans les relations de travail [Mercier et Muller, 2002].

L'éthique comme clarification du contrat psychologique entre l'employeur et l'employé

• *La notion de contrat psychologique.* — Elle découle du fait que la clarification du contrat psychologique peut contribuer à la stabilité. En effet, la seule application du contrat économique entre chaque individu et l'entreprise n'est pas suffisante. Cela pousse les membres de l'organisation à rechercher en priorité la satisfaction de leurs propres besoins même si c'est aux dépens de l'atteinte des objectifs organisationnels. L'existence, en parallèle, d'un contrat psychologique (voir encadré) permet donc d'en atténuer ces effets pervers.

Ce contrat est fondé sur l'échange de contributions et de rétributions (voir schéma 7). Les individus mettent leur capacité productive au service de la réalisation des buts de l'organisation et celle-ci rétribue les salariés en échange de leurs contributions.

Le contrat psychologique

Cette notion repose sur l'idée que les individus passent un contrat psychologique (on parle également de contrat informel) avec l'organisation employante. Entre employeur et employé, il existe donc une sorte d'entente ou de contrat comportant des obligations morales réciproques.

Le terme de contrat psychologique a été employé par Argyris et Levinson dans les années 1960 pour caractériser la nature subjective de la relation individu-organisation.

Schein [1985] définit ce contrat comme une panoplie d'attentes réciproques non écrites entre un salarié et une organisation. Ainsi, la relation d'emploi est fondée sur un échange implicite de croyances et d'attentes à propos des actions de l'individu vis-à-vis de l'organisation et de l'organisation vis-à-vis de l'individu.

Le contrat psychologique a évolué de façon spectaculaire depuis les années 1980.

• *L'évolution du contrat psychologique.* — Pour s'adapter aux changements des conditions de marché et être innovantes, les organisations recherchent une flexibilité et une productivité toujours plus grandes. De plus, l'évolution de l'environnement technologique, le développement des activités de service et l'internationalisation des entreprises ont modifié les références, les habitudes et les manières de travailler. La différenciation se fait, à présent, en terme de qualité, les ressources humaines ont une action prépondérante et occupent une place de plus en plus importante dans le management.

Dans ces conditions, le contrat psychologique qui donnait sécurité et stabilité à la relation individu-organisation a changé de nature. Auparavant, la promesse implicite de garantir la sécurité de l'emploi conduisait les employés à mêler leur intérêt personnel à celui de l'entreprise. Les salariés devaient faire preuve de loyauté. En retour, l'employeur offrait une sécurité de l'emploi, des hausses de salaires annuelles et un avancement progressif.

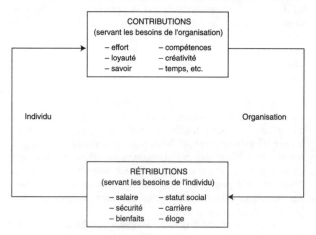

Source : adapté de Hunt *et al.* [1988, p. 38].

TABLEAU 4. — L'ÉVOLUTION DU CONTRAT PSYCHOLOGIQUE

Les caractéristiques du contrat psychologique	Ancien contrat psychologique	Nouveau contrat psychologique
• centré sur :	sécurité	employabilité
• format :	structuré	flexible
• durée :	permanente	variable
• fondé sur :	tradition	forces du marché
• résultat attendu :	loyauté et engagement	valeur ajoutée
• attentes de l'employeur :	temps et effort	connaissance et compétence
• attentes du salarié :	revenu stable et promotion	opportunités pour s'épanouir

Source : adapté de Hiltrop [1995, p. 290].

Depuis les années 1970, le lien qui unit employeur et salarié s'est distendu [Hiltrop, 1995, p. 287]. Les impératifs de flexibilité et d'adaptabilité sont mis en avant. La sécurité de l'emploi a disparu : le collaborateur reste dans l'entreprise tant qu'il continue d'apporter une valeur ajoutée et doit lui-même trouver de nouvelles solutions pour apporter de la valeur. En retour, le salarié dispose de plus de liberté et de ressources, perçoit un salaire qui reflète sa contribution et reçoit l'expérience ou la formation nécessaire pour préserver son employabilité [Ellig, 1998].

• *Les implications de cette évolution pour la gestion des ressources humaines.* — Dans ce contexte, l'organisation se doit d'être un lieu dans lequel les individus peuvent se développer. Il faut trouver de nouvelles incitations pour attirer, retenir et motiver des collaborateurs de talent. L'entreprise cherche à faire converger ses besoins et valeurs avec ceux de l'individu. Ce processus d'échanges réciproques est au cœur des politiques éthiques des organisations. Cela implique tous les niveaux hiérarchiques :
— la direction générale définit les grandes orientations de cette politique ;
— la Direction des ressources humaines propose ensuite des politiques d'application, elle coordonne et harmonise les pratiques ;
— l'encadrement organise et gère directement les personnes.
À travers la formalisation de son éthique, l'entreprise cherche donc à préciser le contrat psychologique qui unit employeur et salarié.
La dimension éthique est fondamentale dans les contrats psychologiques : plus la connaissance des attentes respectives de chacun est grande, plus la probabilité de trouver un terrain d'entente entre l'employeur et le salarié est élevée.

Le management des hommes dans la politique éthique de l'entreprise

Le personnel est un partenaire vital pour l'entreprise. Il est très dépendant de la firme pour son bien-être. L'entreprise a donc une responsabilité forte face à ses salariés. Il existe bien évidemment diverses obligations imposées par la loi mais, dans une véritable perspective éthique, la responsabilité de l'entreprise va au-delà de la loi. La politique éthique est donc l'occasion pour les entreprises d'exposer leur politique sociale, de décrire leur idéal de management (découlant de la vision de l'entreprise comme une communauté humaine).

• *La responsabilité de l'entreprise envers son personnel : une éthique normative.* — Dans l'entreprise, la politique éthique présentée se veut une référence pour tous et un engagement de l'entreprise envers chacun de ses membres. L'entreprise propose donc d'animer, de donner du sens et d'écouter les aspirations de ses collaborateurs. L'énoncé de leurs responsabilités conduit les entreprises à formuler leur conception de l'homme au travail. Elle ont la conviction qu'il n'y a pas de succès durable sans une politique sociale qui assure l'implication et la motivation des hommes. Les collaborateurs sont reconnus comme première richesse de l'entreprise. Leurs compétences, capacités d'adaptation et de progrès mais aussi leur imagination, créativité et esprit d'entreprise sont vus comme des atouts. Dans ses « Principes d'action » (1995), le groupe Lafarge déclare chercher à « mettre l'homme au cœur de l'entreprise ». Dès l'instant où la ressource humaine est considérée comme l'élément clé de la réussite de l'entreprise, la gestion des hommes devient alors une des missions majeures de tous les responsables.

Le contenu de la politique sociale de l'entreprise reprend généralement les grandes étapes du parcours du salarié dans l'entreprise : recrutement, rémunération, évaluation, formation pour les aspects individuels. Les aspects collectifs sont également développés : gestion prévisionnelle, gestion des carrières, management participatif.

L'entreprise reconnaît la diversité de ses collaborateurs et s'engage à la respecter. Elle présente les principaux thèmes du management des hommes dans l'entreprise (voir tableau 5).

• *Les restructurations peuvent-elles être éthiques ?* — Une restructuration peut être considérée comme éthique si l'entreprise peut justifier cette décision et si elle s'assure qu'elle a convenablement appliqué le principe de respect de la personne (souvent évoqué dans les codes éthiques).

TABLEAU 5. — MANAGEMENT DES HOMMES :
LES RESPONSABILITÉS DE L'ENTREPRISE

Recrutement	Attirer et conserver les talents. Recruter les membres de l'entreprise en fonction de leurs qualités propres. Prendre position pour le recrutement interne quand il est possible (afin de conserver les talents).
Gestion prévisionnelle	Intégrer les ressources humaines en amont dans les projets.
Intégration	Fidéliser les nouveaux embauchés et créer les conditions de leur adhésion aux valeurs de l'entreprise. Accueillir grâce à des séminaires d'intégration et à une communication spécifique.
Formation	Faire progresser les hommes. Encourager la participation des salariés à l'organisation et à l'orientation de leur travail. Promouvoir le développement et le meilleur usage des talents humains. Former au management, aux nouvelles technologies, développer la polyvalence, etc. Encourager la mobilité interne.
Gestion des carrières et évaluation	Évaluer les compétences de façon honnête et fiable. Favoriser la promotion interne. Profiter du développement à l'international des entreprises pour offrir des opportunités de carrière. Établir un réseau en temps réel permettant de comparer les ressources humaines disponibles aux postes offerts. Utiliser l'entretien annuel d'évaluation pour connaître les aspirations du personnel.
Politique de rémunération	Promouvoir l'équité et la reconnaissance de la contribution de chacun.
Satisfaction des salariés	Stimuler la participation pour développer créativité et innovation. Favoriser l'initiative et la responsabilisation. Associer les employés aux résultats de l'entreprise grâce à l'intéressement et à la participation.
Communiquer, écouter, dialoguer	Favoriser une communication directe afin que s'établisse un climat de confiance réciproque. Informer les collaborateurs des orientations futures de l'entreprise. Mener des enquêtes de climat interne pour donner à chacun l'occasion de s'exprimer. Mener des entretiens individuels annuels.
Santé et sécurité au travail	Veiller en permanence à la sécurité des salariés et à l'amélioration des conditions de travail.
Licenciement et dimension citoyenne	Régler les réductions d'effectifs avec le souci du reclassement des collaborateurs. Contribuer à la régénération du tissu économique et social des régions concernées par les restructurations. Participer à la vie des communautés qui entourent l'entreprise.

D'une part, on peut considérer qu'une restructuration est légitime si la survie de l'entreprise est en jeu. Dans le cas contraire, l'organisation risque de se voir reprocher, du fait de sa renonciation à investir en capital humain, d'aller à l'encontre de son discours faisant des hommes sa première richesse.

D'autre part, la recherche de légitimité devrait inciter les entreprises à clarifier leurs pratiques et à respecter certains engagements :

— prévenir à l'avance, et à un moment opportun, les individus concernés de la décision de mettre en place un plan de licenciements ; il est du ressort du supérieur direct d'avertir personnellement ces personnes et de leur communiquer les raisons de cette décision ;

— clarifier les règles de sélection des personnes licenciées ;

— fournir une assistance systématique dans le reclassement afin de faciliter la transition vers un nouvel emploi.

Les pratiques constatées semblent en retrait par rapport à ces principes. Par exemple, la plupart des dirigeants hésitent à informer leurs collaborateurs par crainte des conséquences immédiates négatives sur le moral de leurs salariés. Ces réticences ne font alors qu'accroître la circulation de rumeurs.

Les responsabilités de l'entreprise envers ses partenaires externes

Le respect des partenaires de l'entreprise

C'est un respect qui s'inscrit dans une logique de relations à long terme. Le respect du partenaire actuel est une nécessité car il sera peut-être aussi le partenaire de demain.

Le respect de l'environnement

La protection de l'environnement s'est imposée comme une préoccupation majeure à l'échelle de la planète. Il s'agit ici d'aborder la responsabilité de l'entreprise dans les dégâts qu'elle peut causer à l'environnement. L'activité industrielle, l'utilisation des technologies impliquent de mettre en œuvre des procédés de production qui présentent des risques directs

Les clients	Établir des rapports fondés sur l'intégrité et le respect mutuel : impartialité et non-discrimination. Chaque client doit avoir une chance égale d'obtenir les mêmes prix, les mêmes conditions de vente et les mêmes promotions. Mettre au point et offrir des produits et des services de valeur. Répondre aux attentes des clients et respecter les promesses.
Les fournisseurs	Établir des relations de qualité et à long terme. Mettre en avant les principes de justice, d'équité, de respect mutuel et de non-discrimination. Sélectionner les fournisseurs en fonction de la qualité de leurs produits ou services (fiabilité, prix et utilité) et de leur sérieux.
Les concurrents	Promouvoir la loyauté. Proscrire toute entente ayant pour objet de fixer les prix, de partager des marchés ou des clients. Ne pas empêcher des tiers d'entrer en concurrence.
Les consommateurs	Respecter le consommateur (préserver son autonomie et sa volonté). Préserver leur santé et leur sécurité dans l'utilisation des produits.
Les actionnaires	Assurer une rentabilité acceptable. Saisir toutes les opportunités offertes pour assurer une croissance profitable. Protéger leur investissement financier. Préserver la réputation de l'entreprise. Délivrer une information exacte et sincère. Assumer, à leur égard, les mêmes responsabilités, sans distinction d'importance.
Les gouvernements	Coopérer avec les pouvoirs publics pour participer à l'élaboration de lois et de règlements. Répondre aux sollicitations des gouvernements lorsqu'il lui est demandé information ou opinion sur des problèmes relevant de son domaine de compétence.

ou indirects, immédiats ou différés sur l'environnement et des effets sur les ressources naturelles.

L'entreprise doit s'engager à fabriquer des produits de telle manière que l'environnement n'en subisse pas de conséquences négatives. L'objectif est de faire en sorte que procédés et produits aient le minimum d'impact sur l'environnement.

Certaines entreprises affirment qu'elles ont défini des normes environnementales supérieures aux normes légales. Elles adoptent donc une attitude « proactive » en anticipant les exigences futures de réglementation quant aux risques environnementaux.

L'éthique de la responsabilité de Hans Jonas [1990]

Pour Jonas, nous avons une responsabilité indéniable envers les générations futures, car nous disposons d'un savoir et d'un pouvoir qui font que le sort de ces dernières repose entre nos mains. Le progrès technique change fondamentalement la nature des rapports matériels et éthiques de l'homme et de la société. Selon lui, pour la première fois dans l'histoire de l'humanité, les actions de l'homme apparaissent irréversibles. Le pouvoir technologique fait de la nature un objet fragile et menacé, donc un objet de responsabilité. Ainsi, la nature devient objet de la responsabilité humaine.

Jonas reformule donc l'impératif catégorique de Kant : « Agis de façon que les effets de ton action soient compatibles avec la permanence d'une vie authentiquement humaine sur terre » et « de façon que les effets de ton action ne soient pas destructeurs pour la possibilité future d'une telle vie ».

L'entreprise citoyenne

La notion d'entreprise citoyenne (proposée par le CJD en 1992) repose sur le fait que l'activité d'une entreprise est inséparable de la communauté au sein de laquelle elle exerce. Être « bon citoyen » pour une entreprise, ce n'est pas seulement respecter scrupuleusement les lois et les règlements du pays où elle opère, c'est, tout en apportant une plus-value économique, constituer un élément vivant de l'environnement social.

En créant des richesses, en procurant des emplois, en dispensant des formations, en soutenant des actions sociales, éducatives ou culturelles, l'entreprise participe à la vie de la société. Ces actions ont pour but d'améliorer la qualité de vie, l'éducation et le bien-être des collectivités locales. Les entreprises s'engagent dans la lutte contre le chômage et l'exclusion, l'insertion des jeunes, la solidarité envers les plus démunis ; elles contribuent également à l'aménagement du territoire.

Elles s'engagent à maintenir leur réputation d'intégrité et d'équité dans tous les pays où elles opèrent, et à participer à la réalisation des aspirations collectives des communautés où elles sont installées. Cette préoccupation est extrêmement présente dans certaines entreprises japonaises. Pour Matsushita, le profit n'est que la réponse du niveau de contribution que l'entreprise donne à la société.

Le concept d'entreprise citoyenne découle du constat que l'État ne peut prendre seul en charge la solution des grands problèmes de société. Le danger est alors de dédouaner les instances politiques de leurs responsabilités et de laisser supposer que le marché peut remédier lui-même à ses imperfections.

Les responsabilités des salariés

Dans la mesure où existe une certaine réciprocité des obligations entre employeurs et employés, il convient également d'évoquer les obligations des salariés.

Le pouvoir normatif de l'employeur

Lorsqu'ils prennent la forme de codes d'éthique ou de guides de conduite, les documents éthiques comportent un certain nombre de règles que les salariés doivent respecter. Ces règles retiennent l'attention par leur variété et sont toutes une manifestation du pouvoir normatif de l'employeur (voir encadré).

L'étendue de ces obligations est variable : elles se rapportent au temps de travail, mais concernent parfois plus largement la vie du salarié (ce qui peut faire débat). Certaines normes ne s'appliquent qu'aux salariés, d'autres concernent également leur famille. Un certain nombre de ces obligations découlent directement du contrat de travail.

Les normes régissant les rapports internes à l'entreprise

Le tableau 7 présente les normes internes qui s'adressent aux collaborateurs dans l'entreprise.

Le pouvoir normatif de l'employeur

Les lois Auroux ont limité le contenu du règlement intérieur mais elles n'ont pas empêché l'expression de ce pouvoir sous d'autres formes, souvent moins contrôlées. Il semble même qu'elles les aient favorisées : les règles exposées dans les documents éthiques sont au premier rang de celles-ci. La loi du 4 août 1982, pour limiter l'arbitraire patronal, a déterminé restrictivement le contenu du règlement intérieur (l'article L. 122-34 du Code du travail découlant de cette loi définit ainsi ce dernier comme un document écrit dans lequel l'employeur définit exclusivement les mesures d'application de la réglementation en matière d'hygiène et de sécurité, et les règles générales et permanentes relatives à la discipline). Cette loi soulève la question suivante : l'employeur peut-il unilatéralement instaurer des mesures autres que celles entrant dans l'objet du règlement intérieur ?

Il semble qu'il peut utiliser les prérogatives du pouvoir réglementaire dont il jouit pour édicter des règles ou normes.

Les normes régissant les rapports externes

Ces normes ont pour but d'orienter les comportements des membres de l'entreprise lorsqu'ils sont en relation avec son environnement (tableau 8).

Elles s'adressent à tous dans l'entreprise mais leur nature fait qu'elles concernent en premier lieu les cadres.

En matière de gestion des ressources humaines, l'éthique formalisée répond à un double enjeu :

— dans une logique de responsabilité, elle sert de référentiel à l'action. Elle permet à l'entreprise d'exposer sa responsabilité envers ses salariés et de présenter sa politique sociale (son idéal de management). Tous les aspects de la gestion des hommes dans l'entreprise sont donc abordés ;

Tableau 7. — Les normes régissant les rapports internes à l'entreprise

Harcèlement et respect des personnes (normes liées directement aux relations entre les individus dans l'entreprise)	Respecter les droits de la personne et favoriser une communication directe. N'opérer aucune discrimination pour quelque cause que ce soit dans les relations de travail. Faire preuve de tolérance et rechercher à tout moment l'équité. Proscrire les attitudes de mépris, d'exclusion, les comportements racistes, antisyndicaux et antiféministes.
Traitement de l'information par le salarié (confidentialité par exemple)	Veiller à ce que les informations confidentielles ne soient ni diffusées à l'extérieur, ni même communiquées à des personnes au sein de l'entreprise qui n'en ont pas l'utilisation dans leur fonction. Fournir des données fiables et sincères. Transmettre à sa hiérarchie les informations importantes dont il dispose.
Offre et réception de cadeaux	Accepter ou offrir des cadeaux s'accompagne de principes de limitation et de transparence (les cadeaux doivent être d'usage courant et d'une valeur jugée raisonnable, sinon il faut en référer à la hiérarchie).
Équité en matière d'emploi	Assurer l'égalité des chances au niveau des emplois.
Utilisation des biens à des fins personnelles	Protéger les biens qui appartiennent au patrimoine de l'entreprise.

— dans une logique d'obéissance, la formalisation manifeste le pouvoir normatif de l'employeur et présente les règles de conduite qui s'appliquent aux collaborateurs dans le cadre de leur travail.

TABLEAU 8. — LES NORMES RÉGISSANT LES RAPPORTS EXTERNES

Conflits d'intérêts	Éviter de se trouver dans une situation susceptible d'engendrer un conflit entre son intérêt personnel et celui de l'entreprise.
Transactions d'initiés	Ne pas utiliser à des fins personnelles des informations privilégiées concernant l'entreprise ou des tiers. Ne pas réaliser d'opérations spéculatives sur les titres cotés de l'entreprise. Ne pas effectuer d'opérations en cas de détention d'informations privilégiées, tant que ces dernières ne sont pas rendues publiques.
Activités des salariés	Ne pas utiliser les ressources de l'entreprise pour soutenir un candidat ou un parti politique. Ne pas prendre position, au nom de l'entreprise, sur les problèmes de politique publique. Consacrer la totalité de son activité professionnelle à son employeur.

V / Une typologie de la politique éthique formalisée

La pratique de formalisation n'obéit pas à des règles homogènes : la diversité des intitulés proposés (code, charte, principes d'action...) et les disparités de volume (certains documents tiennent en quelques mots, d'autres en cinquante pages) semblent l'indiquer.

Les dimensions de la réflexion éthique dans l'entreprise

Une réflexion axiologique

L'axiologie est une réflexion sur les valeurs. Une valeur est une conviction fondamentale qui revêt une importance marquée et une grande signification pour les individus. Ces valeurs sont données comme un idéal à atteindre, comme quelque chose à défendre. L'axiologie exprime l'objectif d'adhésion aux valeurs et répond à la nécessité de construire une identité sociale.

Une réflexion déontologique

La dimension déontologique manifeste une réflexion sur les règles et traduit la volonté de faire adhérer les membres aux règles et normes de l'organisation.

La question déontologique se pose essentiellement là où le droit n'impose pas un comportement précis (voir encadré).

Éthique et droit

Le droit est la loi à laquelle tout citoyen est soumis. Ce sont les tribunaux qui interprètent ce que la société juge conforme ou non aux principes moraux. Les lois représentent essentiellement les valeurs de la société et les normes que les tribunaux ont à faire respecter. Il s'agit d'une éthique minimale imposée.

Cependant, un acte légal n'est pas nécessairement éthique. Par exemple, une entreprise qui fait tout ce que la loi autorise et ne fait jamais ce que la loi lui interdit peut être une entreprise peu recommandable (car ses actes ne sont pas forcément acceptés comme éthiques), mais légaliste.

Les lois fournissent un cadre à l'action de tous mais il est possible de les respecter en trahissant le sens qu'elles devraient avoir.

Les contraintes éthiques vont au-delà d'une stricte séparation entre pratiques licites et illicites.

L'application du droit est fondée sur la crainte de la réprobation et de la répression, alors que le comportement éthique est dicté par le sens du devoir et par le respect d'autrui.

Dans l'idéal, la loi ne devrait pas contredire l'éthique, et souvent l'éthique sert à interpréter la loi [Bergmann, 1997, p. 1240].

Les deux domaines ont pu vivre pendant longtemps dans leur monde propre, tenant pour acquise la ligne de partage opérée par Kant entre légalité et moralité [Dermange et Flachon, 2002, p. 9]. Cependant, dans un contexte d'ouverture réciproque, le droit s'ouvre de plus en plus à l'éthique (mouvement d'« éthicisation » du droit) et l'éthique au droit (phénomène de « juridisation » de l'éthique).

Cela va de pair avec le développement d'une phase de contestation du droit, jugé trop lourd, trop complexe et inadapté aux situations qu'il est censé réguler. Toutes les normes éthiques ne peuvent être intégrées dans la législation, il est souvent impossible de vérifier la conformité à la loi. Par exemple, la montée des Technologies de l'Information nécessite de revoir très rapidement la législation sur le respect de la vie privée [Coulon, Mercier, 2002]. L'éthique peut alors être vue comme un possible substitut du droit, moins contraignant, plus souple, plus proche des situations.

Une réflexion téléologique et ontologique

La téléologie conduit à se préoccuper des intentions, des orientations et des finalités et exprime l'objectif d'adhésion aux buts (finalités de l'organisation).

L'ontologie traduit la volonté de l'entreprise de réfléchir sur sa propre nature, mission, raison d'être et exprime la volonté d'adhésion à l'identité de l'organisation.

Typologie des conflits éthiques

Michel Dion [1994] identifie quatre types de conflits éthiques couverts par la formalisation :
— les conflits interpersonnels sont liés aux relations tissées entre les différents membres dans l'organisation. Ils sont essentiellement liés à leur culture personnelle, même si la culture organisationnelle, sectorielle ou sociétale peut jouer un rôle dans la façon dont ces conflits arrivent et sont perçus dans une organisation donnée. Le thème principal concerne le respect des personnes ;
— les conflits intra-organisationnels sont issus des relations entre les individus et l'organisation elle-même (ils sont essentiellement liés à la culture organisationnelle). Les thèmes les plus souvent abordés dans le cadre du travail sont les problèmes de confidentialité de l'information, l'offre et la réception de cadeaux, la santé et la sécurité au travail, et l'équité en matière d'emploi. Hors de l'entreprise, la formalisation traite principalement des problèmes liés aux conflits d'intérêts, des délits d'initiés et des activités politiques des employés ;

— les conflits inter-organisationnels proviennent des relations qu'entretient une organisation avec les différentes parties prenantes de nature économique. Ils sont essentiellement liés à la culture sectorielle ou institutionnelle. Les relations avec les clients et les fournisseurs, et les problèmes de concurrence déloyale sont très souvent abordées par la formalisation.
— les conflits extra-organisationnels sont issus des relations qu'entretient une organisation avec la société en général. Ces conflits sont liés à la culture globale d'une société et à sa façon d'entretenir des rapports avec son environnement. Protection de l'environnement, respect des lois, relations avec les actionnaires sont les thèmes les plus souvent abordés.

Les différents types de documents éthiques

La formalisation de l'éthique contient des valeurs, des principes et des règles de conduite (voir le tableau). Elle se démarque de la déontologie.

TABLEAU 9. — COMPARAISON DES DIFFÉRENTS
DOCUMENTS ÉTHIQUES

	Valeurs orga-nisationnelles	Principes d'action	Règles de conduite	Code de déontologie
Élaboration	Dirigeants (avec parfois une large consultation)	Dirigeants (avec parfois consultation)	Dirigeants en liaison avec le service juridique (peu de consultation)	Organisme professionnel
Contenu	Valeurs clés (parfois illustrées)	Responsabilités de l'entreprise envers ses parties prenantes	Responsabilités du personnel	Règles (liées à la culture d'une profession)
Destinataires	Salariés et parties prenantes	Ensemble des Stakeholders (dont les salariés)	Salariés et parfois certains partenaires économiques	Clients, confrères et salariés
Objectifs	Homogénéiser la culture	Recherche de légitimité sociale	Éviter les conflits d'ordre éthique et protéger la réputation de l'entreprise	Signaler la qualité de la relation de service
Portée	Très générale	Générale	Pratique (caractère contraignant)	Pratique (caractère obligatoire)

**Les valeurs et les engagements du Groupe Casino
(Extraits de la Charte Développement durable, 2002)**

Valeurs :
— Qualité
— Proximité
— Solidarité
— Respect

Engagements :
— Garantir à nos clients la qualité et la sécurité des produits.
— Offrir à nos collaborateurs des conditions de travail fondées sur le dialogue social, l'équité et la reconnaissance du travail accompli.
— Promouvoir l'égalité des chances en luttant contre les discriminations et en favorisant l'insertion par l'emploi.
— Développer des relations équilibrées avec nos fournisseurs dans une logique de croissance partagée, en accompagnant notamment les PME dans leurs démarches de progrès.
— Contribuer au développement économique local en veillant à l'intégration territoriale de nos implantations.
— Promouvoir des filières de production plus respectueuses de l'homme et de son environnement en s'assurant du respect par nos fournisseurs des conventions internationales sur les conditions de travail et les droits de l'homme.
— Intégrer le respect de l'environnement dans l'ensemble de nos activités, depuis l'achat et le transport des marchandises jusqu'à la conception et l'exploitation de nos magasins.
— Favoriser l'implication des collaborateurs dans des partenariats locaux en faveur de l'aide humanitaire, de l'insertion professionnelle et de l'environnement.
— Sensibiliser nos clients aux comportements et modes de consommation « responsables ».
— Dialoguer de façon ouverte et transparente avec l'ensemble de nos parties prenantes.

Valeurs du groupe Danone (1998, extraits)

Préface de Franck Riboud
1. Qui sommes nous ?
2. L'articulation du projet : c'est l'ensemble de nos valeurs qui forge la personnalité et la culture du groupe.
3. Notre mission : partout dans le monde, faire grandir, mieux vivre et s'épanouir les hommes en leur apportant chaque jour une alimentation meilleure, des goûts plus variés, des plaisirs plus sains.
4. Nos valeurs clefs : ouverture, enthousiasme, humanisme.
5. Ouverture (curiosité, agilité, proximité).
6. Enthousiasme (audace, passion, appétit).
7. Humanisme (partage, responsabilité, respect de l'autre).
8. Les champs d'application de nos valeurs (la santé, le goût, le lien social, l'environnement).

• *L'énoncé de valeurs.* — Il est établi en liaison avec la mission et la vision de l'entreprise (dimension axiologique et ontologique). Selon les cas, de trois à huit valeurs sont mises en exergue (voir l'encadré). L'analyse des valeurs formalisées dans les entreprises fait apparaître la coexistence :
— de valeurs liées à la performance organisationnelle (création de valeur, professionnalisme, innovation, excellence, qualité…) ;
— et de valeurs liées à la performance relationnelle (notions de respect, confiance, responsabilité, esprit d'équipe, intégrité…).

• *Les principes d'action.* — Ils précisent les responsabilités de l'entreprise envers ses parties prenantes (voir encadré). Ces engagements s'articulent autour des valeurs fondamentales identifiées précédemment et contiennent également une réflexion de nature téléologique. Ils visent à développer un sentiment d'adhésion et d'implication.

Les principes d'action de Lafarge (1995, extraits)

Notre ambition :
Être un leader mondial des matériaux de construction.

Nos responsabilités :
Aller au-devant des attentes de nos clients.
Valoriser l'investissement de nos actionnaires et mériter
leur confiance.
Mettre l'homme au cœur de l'entreprise.
Faire de la diversité croissante du groupe une richesse.
Respecter l'intérêt général.

Les responsabilités de l'entreprise peuvent également être
formalisées dans un document consacré exclusivement à un
domaine particulier : les ressources humaines (voir encadré) ou
l'environnement par exemple.

**Charte des ressources humaines
du Groupe Bouygues (2000) (extraits)**

Les 6 actes clefs de la présente charte (…) constituent
une règle de conduite. Ils doivent guider et faciliter notre
action quotidienne.
— ANTICIPER Pour être acteurs stratégiques du
changement.
— ACCUEILLIR Savoir identifier, attirer, choisir et fidé-
liser les collaborateurs.
— RECONNAÎTRE Apprécier les compétences et performances de chacun et les rémunérer à leur juste valeur.
— DÉVELOPPER Pour accompagner l'évolution des
collaborateurs.
— PARTAGER Fonctionner en réseaux pour faire face aux
enjeux de demain.
— RESPECTER Les hommes, principale valeur de nos
entreprises.

Un exemple de code éthique :
Guide de la pratique des affaires
(Hewlett-Packard, 1994,
extraits de la table des matières)

• *Les règles de conduite.* — Elles se veulent l'application de ces principes et font essentiellement la promotion d'une éthique contractuelle. Elles précisent les responsabilités et devoirs qui incombent aux collaborateurs dans le cadre de leur travail, principalement face aux tiers (dimension déontologique). Deux grands thèmes sont systématiquement abordés (voir encadré) : les actes qui risquent de corrompre le processus d'achat (corruption, conflits d'intérêts, offre et réception de cadeaux) et les conduites frauduleuses (sécurité et confidentialité de l'information, relations avec les concurrents). Il s'agit souvent de règles de bon sens, voire d'un simple rappel des exigences légales.

La formalisation de règles détaillées (certains codes dépassent les cinquante pages) vise à guider le salarié dans sa résolution de dilemmes éthiques. L'objectif est de protéger le capital réputation de l'entreprise. Certaines valeurs individuelles attendues par l'entreprise de la part de ses collaborateurs sont formalisées : intégrité, honnêteté, loyauté et respect des règles.

Ainsi, la politique éthique formalisée combine des valeurs, des principes et des règles dans des proportions variables selon la culture organisationnelle. Les documents énonçant des règles de conduite détaillées sont souvent l'apanage de filiales de groupes anglo-saxons.

VI / Les débats portant sur la gestion de l'éthique en entreprise

Comment adapter l'éthique au contexte organisationnel et culturel de l'entreprise ?

L'analyse des démarches éthiques élaborées par les entreprises met en évidence la complexité des dilemmes à résoudre pour aboutir à une politique cohérente.

Les problèmes liés au contexte organisationnel

Comment traduire concrètement une éthique et des valeurs dans le quotidien de l'entreprise ? L'entreprise qui décide de formaliser son éthique doit d'abord s'interroger sur le type de support qu'elle va utiliser.

• *Le choix de l'orientation générale.* — L'entreprise qui souhaite formaliser son éthique doit arbitrer entre deux logiques principales :
— un système de nature coercitif dont l'objectif prioritaire est d'assurer le strict respect des règles émises par l'entreprise. La recherche de la conformité repose sur la contrainte, la surveillance des salariés et la discipline pour éliminer les mauvaises conduites ;
— un système visant l'adhésion des collaborateurs aux buts et valeurs de l'organisation. La standardisation des comportements se fonde sur l'implication et les valeurs encourageant les aspirations éthiques (internalisation des valeurs).

Ces deux logiques ne sont pas mutuellement exclusives. Leur rôle peut même être complémentaire : prévenir les pratiques non éthiques (logique de conformité) et stimuler les pratiques éthiques (valeurs).

• *Une éthique réaliste ou idéaliste ?* — Un deuxième arbitrage vient se greffer sur ce premier point : l'entreprise doit discuter du caractère réaliste ou idéaliste qu'elle souhaite donner au document. Ce choix dépend de la rigueur avec laquelle on veut faire appliquer le contenu de la politique éthique : à application rigoureuse, énoncés modestes ; à application moins stricte, énoncés plus ambitieux qui aboutissent à une vision normative de l'éthique, c'est-à-dire à une définition de ce que doit être l'entreprise idéale.

Selon l'optique choisie, les difficultés à surmonter risquent d'être bien évidemment de nature différente. Ainsi, les documents trop « légalistes » peuvent être inopportuns. Ils risquent de suggérer que respecter la loi garantit d'agir de façon éthique, ce qui n'est pas nécessairement le cas. De plus, les différents lois et règlements en vigueur étant sujets à des modifications législatives, le document peut difficilement être tenu à jour. Il est donc important qu'un préambule soit rédigé afin d'éviter que des employés interprètent la liste des problèmes éthiques abordés comme étant exhaustive.

Par ailleurs, les documents de type culturel sont difficiles à rédiger. La démarche réclame du temps. Il faut sélectionner quelles valeurs afficher et quels problèmes aborder. Le danger est de passer sous silence certaines valeurs fondamentales. Or, le document doit être le reflet de ce que l'ensemble des membres de l'organisation considère comme le climat éthique de l'entreprise. L'établissement des valeurs partagées doit contribuer à créer une identité collective et un véritable sens de l'appartenance.

Il s'agit donc de trouver le juste milieu entre un document trop limité qui risquerait d'être inutilisable (sa généralité permettant de justifier à peu près n'importe quoi) et un document trop extensif qui pourrait se transformer en instrument de manipulation.

Il s'agit également de savoir si l'on formalise une éthique négative ou positive. Une formulation négative rend explicite ce que les salariés ne doivent absolument pas faire.

L'inconvénient est que les salariés risquent de percevoir cela comme une menace. De plus, l'éthique négative ne précise pas ce que l'on attend d'eux. La formulation positive propose ce qu'il convient de faire, c'est un guide qui spécifie ce qui peut être fait. Le problème se pose alors de vérifier si les comportements des collaborateurs sont conformes à ce qui leur est demandé. De même, cela ne permet pas de savoir ce que l'on n'a pas le droit de faire.

• *L'importance de la forme du document.* — Pour faciliter l'application de la politique éthique, le document doit être écrit dans un langage clair et simple. L'utilisation de titres en marge ainsi que d'un index des sujets abordés facilite généralement la compréhension du contenu. La présence de définitions peut également se révéler utile afin de s'assurer que tous les membres de l'organisation comprennent de la même façon un concept donné. Le document doit avoir recours à un vocabulaire et à une sémantique qui rendent son message facilement accessible à tous les membres de l'organisation.

• *L'importance du processus de formalisation.* — Il est extrêmement tentant pour l'entreprise de disposer d'un document rédigé très rapidement. Cela a l'avantage d'éviter de nombreuses discussions. Le problème est que les salariés auront des difficultés à s'approprier un tel document. En effet, même si le travail d'un groupe restreint de rédacteurs conduit aux mêmes règles formalisées que lors d'un processus qui comprend tous les salariés, le résultat reste radicalement différent. Dans le premier cas, il s'agit d'une vision personnelle de l'entreprise. Dans le second, il s'agit d'un document de l'organisation. Le comportement des membres ne peut être affecté seulement par l'écriture d'un document et par son envoi aux employés : les salariés doivent internaliser les modèles comportementaux proposés.

D'un autre côté, choisir d'organiser un large débat sur le développement de la formalisation ne doit pas mener à des consultations et discussions interminables. Chacun ne peut être complètement d'accord avec chaque détail du document. Un tel accord n'est vraiment nécessaire que pour les problèmes fondamentaux.

Par ailleurs, il est important que les salariés perçoivent que la réflexion éthique progresse. De toute façon, les moyens en temps et en travail dont dispose l'entreprise pour aboutir à la formalisation sont toujours limités, ce qui contribue à faire avancer le processus.

• *L'accueil réservé à la démarche.* — Quel que soit le support choisi, l'accueil réservé au document est fondamental. Pour que la formalisation soit un succès, l'entreprise mise sur son impact psychologique. Pourtant, l'introduction de la formalisation suscite des réactions mitigées :

— elle entraîne, bien évidemment, des réactions positives de la part des différents niveaux hiérarchiques ;

— il n'y a pas, sauf en de rares exceptions, de remise en cause des fondements de la démarche. Cependant, plusieurs insatisfactions doivent être mises en évidence. Nous en retiendrons deux principales : le manque d'intégration des valeurs énoncées et le contexte dans lequel s'opère la diffusion du document éthique.

D'une part, ces textes doivent vivre dans la durée. Un document qui se réfère à des valeurs qui ne sont pas communes à l'ensemble des membres de l'entreprise est voué à l'échec. Il n'est pas facile de répondre aux attentes suscitées par la démarche. Énoncer des valeurs telles que « considérer nos collaborateurs comme notre ressource principale » ou « la confiance partagée » doit se concrétiser dans le fonctionnement quotidien de l'entreprise. Les collaborateurs sont toujours tentés de mesurer l'écart entre les déclarations et les faits, ce qui risque de nuire à la crédibilité de la politique éthique.

D'autre part, le contexte dans lequel s'effectue la diffusion du document détermine la réussite de la démarche. Dans le contexte actuel de restructuration et de rationalisation des activités, les réactions négatives peuvent prendre de l'ampleur. De même, du fait de la multiplication des problèmes de corruption et de comportements malhonnêtes dans les entreprises, la formalisation de l'éthique est parfois interprétée de façon suspicieuse par les employés : « Si la direction parle d'éthique, c'est parce qu'il y a des affaires douteuses dans le groupe. »

• *La résistance de l'encadrement.* — L'encadrement joue un rôle fondamental dans la communication de la politique éthique. En théorie, il doit accompagner la diffusion des documents par un processus de sensibilisation et d'adaptation aux préoccupations de chaque collaborateur. Les cadres doivent se reconnaître dans l'ensemble des valeurs proclamées pour les appliquer sur le terrain et pour les communiquer à leurs subordonnés. Or, les cadres semblent parfois manquer d'enthousiasme pour diffuser l'éthique formalisée. La démarche de formalisation semble poser plus de problèmes aux hiérarchiques qu'aux opérationnels : l'encadrement est souvent tenté de ne pas jouer le jeu de la transparence par crainte de perdre du pouvoir. Nous retrouvons, ici, le phénomène de résistance au changement : la volonté de la part de la direction de faire appliquer des valeurs et principes conduit à des réactions négatives car cela introduit de l'incertitude dans leurs comportements. La politique éthique formalisée réclame souvent l'adoption de nouvelles attitudes et relations interpersonnelles qui risquent de modifier la configuration du pouvoir, des rôles et des statuts. Cette résistance peut être reliée au désir de conserver sa liberté de pensée et d'action, et à la crainte de perdre ce que l'on possède déjà. Cela tient également à l'ambivalence des missions confiées aux cadres. Entre l'encadrement à la française et le management à l'anglo-saxonne, ils sont pris entre deux postures difficiles à concilier : l'animateur qui fait la promotion de l'exemplarité et de la confiance et le contrôleur. Les entreprises doivent combattre cette résistance par des moyens appropriés : le mode d'introduction du document est fondamental et la résistance de l'encadrement peut diminuer s'il est étroitement associé à l'élaboration de la formalisation.

Les cadres ne sont pas la seule catégorie à manifester une telle résistance. En général, les collaborateurs ayant une grande ancienneté réagissent aussi de façon négative. Ils peuvent trouver déplacé le fait que l'entreprise spécifie par écrit que l'on doive être honnête : cette précision peut être perçue comme la mise en doute de leur propre morale. Ces collaborateurs reprochent donc un certain manque de confiance de la part de la direction. Enfin, certaines catégories de personnel rejettent des règles qui ne leur sont pourtant pas adressées. Ainsi, le thème des conflits d'intérêts peut entraîner des réactions hostiles de la part des opérationnels alors qu'il concerne quasi exclusivement l'activité des cadres.

La formalisation éthique réclame la mise en place d'un système d'animation approprié. Ce dernier doit également prendre en compte le fait que les entreprises réalisent une partie croissante de leur chiffre d'affaires hors de leurs frontières.

Les problèmes d'ordre culturel

L'éthique est fortement influencée par la culture propre à l'organisation. Elle subit, cependant, l'influence de la société dans laquelle réside son actionnaire principal. Les documents éthiques ne sont pas neutres, ils incarnent des modes de régulation profondément ancrés dans les structures culturelles et socio-économiques à l'intérieur desquelles ils se développent.

On peut douter de la possibilité d'utiliser un seul code pour les différents pays dans lesquels l'entreprise exerce son activité. Les systèmes juridiques, les coutumes et les mœurs diffèrent. Le processus de formalisation pose des problèmes culturels aussi bien aux filiales françaises d'entreprises étrangères (dont l'objectif est de mettre le document en phase avec la culture française) qu'aux groupes contrôlés par des capitaux français désirant exporter leurs documents éthiques dans leurs filiales étrangères.

• *La culture nationale : un frein au développement de l'éthique normative et prescriptive.* — Les Français sont très réticents par rapport aux conceptions américaines en matière de *business ethics*. Le doute porte sur la légitimité de l'entreprise à jouer un rôle moteur en matière d'éthique. La tradition américaine de communauté, veillant à la moralité de ses membres se retrouve dans les entreprises.

En France, l'éthique est non vue comme relevant de l'action d'une communauté qui encadre étroitement ses membres, les surveille et les sanctionne mais de la libre adhésion de chacun à la vision qu'il a de son devoir [D'Iribarne, 2002, p. 34]. Les Français expriment un fort scepticisme quant à l'affichage de l'éthique. Le caractère intéressé de la démarche suscite scepticisme et ironie.

De même, les Français rejettent les moyens utilisés par les entreprises américaines pour inciter leur personnel à agir de manière éthique (*compliance*). Les entreprises françaises possèdent une forte tradition orale et sont souvent orientées vers l'implicite. Les Français semblent surpris que l'on veuille faire de l'éthique une règle collective en entreprise, les problèmes éthiques relevant plutôt de leur propre arbitre. La présence d'un système de sanctions, le mécanisme de dénonciation interne et l'engagement par signature sont autant de procédures mal accueillies par les salariés français.

Dans certains documents éthiques, des sanctions sont prévues en cas de non-respect : le P-DG d'une grande multinationale indique, par exemple, que « ceux qui violeront les règles déontologiques [de l'entreprise] devront en assumer toutes les conséquences ». Des mesures disciplinaires allant le cas échéant jusqu'au renvoi peuvent donc être prises. Cependant, l'application de ces sanctions pose problème : cela doit être fait en fonction du droit français. La plupart du temps, les fautes constatées sont tellement évidentes qu'il n'est pas besoin de recourir au document mais, lorsque le problème est plus ambigu, il convient de ne pas transiger avec la loi. Certains responsables d'entreprises se demandent même si les sanctions éventuelles entraînées par un non-respect du document ne contreviennent pas aux usages du droit français. Toute sanction doit être appliquée avec la plus grande prudence.

Le mécanisme de dénonciation interne pose également problème. C'est un mécanisme de contrôle qui est parfois utilisé pour assurer la conformité au document : les salariés sont encouragés à dénoncer toute violation au document éthique, quel que soit le transgresseur. La dénonciation est alors portée au supérieur immédiat qui décide s'il y a matière à enquête. Certaines entreprises (anglo-saxonnes) disposent parfois de lignes téléphoniques ou de boîtes postales spéciales destinées à recevoir ce type d'informations confidentielles. Cet « appel à délation » est très mal accueilli par les collaborateurs français (les réactions sont également très négatives en Grande-Bretagne). Aux États-Unis, cette pratique est considérée comme un exercice normal des responsabilités de chacun [D'Iribane, p. 33].

Enfin, l'entreprise peut demander à ses collaborateurs de s'engager par signature à respecter scrupuleusement les règles décrites dans le document éthique. Cette certification répond à une double préoccupation : d'une part, elle attire l'attention du destinataire sur l'importance que l'entreprise attache au respect des règles de conduite dans les affaires et sur les mesures que, dans le cadre de la législation du travail, elle se réserve de prendre en cas de violation de ces règles ; d'autre part, l'entreprise est ainsi quasi certaine que le document a été lu et que le destinataire se conformera aux dispositions qu'il contient. Cette procédure ne semble pas bien adaptée à la culture des entreprises françaises. Ainsi, une grande entreprise demandait à ce qu'une « déclaration d'adhésion » (située à la dernière page du document) soit renvoyée signée par ses collaborateurs. Sous la pression de certains syndicats qui trouvaient le terme trop fort, le coupon à renvoyer s'est transformé en « déclaration de prise de connaissance ». Dans d'autres entreprises, la déclaration de conformité n'est pas signée par tous les collaborateurs sans que cela entraîne des sanctions particulières.

• *Le problème de la traduction du document éthique.* — L'adaptation des documents éthiques d'un groupe international à la culture nationale dans laquelle opère la filiale se révèle souvent délicate. La nécessité de recourir à la traduction est un obstacle important à la diffusion internationale du document éthique. L'entreprise s'expose à des malentendus qui peuvent naître des erreurs de traduction et des glissements de sens. Bien souvent, la traduction est impossible sans interprétation et adaptation du texte original en fonction d'un contexte culturel et social différent.

Le document éthique du groupe mondial doit apparaître comme étant celui de la filiale ou recréé par celle-ci, pour qu'il ait une chance sérieuse d'être accepté et vécu. Certaines entreprises choisissent de diffuser le document éthique dans sa version bilingue. Cette pratique est censée garantir la compréhension du document, mais elle permet à chacun d'apprécier les modifications importantes subies par le texte original. Ces modifications, qui sont introduites pour faciliter l'acceptation du document dans une culture différente, peuvent être analysées comme la volonté, consciente ou non, de prendre ses distances par rapport à la version originale.

• *La démarche de formalisation au cœur des relations entre société mère et filiales.* — Un groupe international déjà pourvu de son éthique éprouve des difficultés à faire admettre sa philosophie, ses règles aux collaborateurs dans ses différentes filiales. Le problème est crucial car la démarche, si elle n'est pas correctement maîtrisée par l'entreprise, peut générer des rejets et se transformer en conflit interculturel. Trois exemples vont nous permettre d'illustrer ce risque.

— En 1995, un grand groupe européen de l'agroalimentaire, frappé par des affaires douteuses dans son pays d'origine, a souhaité mettre en place un code éthique dans toutes ses filiales pour retrouver son identité et rappeler des règles évidentes. Ce code a été traduit et transmis de manière directive vers la filiale française. Cette dernière a refusé de le diffuser car elle n'avait pas été consultée et parce que le document ne répondait pas à ses attentes.

— En 1989, le groupe Accor a élaboré un petit livre bleu intitulé « Éthique et management ». La Direction de la communication avait choisi d'illustrer ce document à l'aide de dessins humoristiques. Cela correspondait à la culture de l'entreprise et à la culture nationale. Cependant, l'éthique n'est pas forcément abordée dans tous les pays de la même façon. Ainsi, en Allemagne, l'éthique est prise avec plus de sérieux : il ne s'agit pas de plaisanter avec ce thème. Pour dissiper les malentendus et pour éviter que le document soit rejeté, l'entreprise a dû fournir des explications complémentaires dans ces filiales.

— Dans une précédente version de ses « Principes d'action », l'entreprise Lafarge, marquée par sa culture originelle, se décrivait comme un groupe de racine française. Lors de la phase de réflexion menée pour réactualiser le document, il s'est avéré que cette expression avait choqué les filiales implantées au Canada car elle pouvait comporter un relent colonialiste. Pour être véritablement un groupe international, le groupe Lafarge a dû reconnaître que se sont ajoutées aux racines françaises celles d'autres pays : le texte est, depuis 1995, rédigé en six langues.

Le processus de formalisation doit laisser une large place à la concertation et donner lieu à de nombreux échanges : les entreprises doivent s'ouvrir davantage à la diversité culturelle. Le groupe mondial doit respecter deux principes fondamentaux : l'acceptation des différences culturelles et la recherche du consensus.

Malgré des valeurs proclamées communes aux plus grandes entreprises mondiales (intégrité, honnêteté et équité figurent en bonne place dans la plupart des documents éthiques), la mise en œuvre d'une politique éthique universelle est difficile. Si certains idéaux semblent universels, leur expression prend, selon les cultures, des chemins qui leur sont propres (voir l'encadré portant sur le débat entre universalisme et relativisme des valeurs).

La théorie des contrats sociaux intégrés [Donaldson et Dunfee, 1999]

Une solution au dilemme objectivisme-relativisme des valeurs pourrait se trouver dans une réflexion sur les normes.

La théorie des contrats sociaux intégrés considère que les dirigeants de l'entreprise ont l'obligation éthique de contribuer à l'augmentation du bien-être de la société. Les auteurs se fondent sur l'existence d'un contrat implicite (ou contrat social) entre l'entreprise et la société : la société reconnaît l'existence de cette entité à la condition qu'elle serve ses intérêts.

Donaldson et Dunfee [1999] soutiennent que les entreprises donnent force de loi à des normes éthiques spécifiques en prenant part à des contrats microsociaux particuliers avec les parties prenantes. Ces normes locales sont légitimes tant qu'elles sont compatibles avec des principes éthiques fondamentaux plus larges (appelés hypernormes par ces auteurs) qui puisent leurs origines dans les croyances culturelles, religieuses ou philosophiques. Les hypernormes sont des principes fondamentaux à l'existence humaine qui reflètent une convergence de croyances concernant l'éthique, les droits et obligations. Ce contrat macrosocial universel sert de cadre aux échanges économiques. Il est établi car il existe un besoin d'établir des normes justes, et parce que les acteurs savent qu'ils sont restreints par une rationalité éthique limitée.

Cette contribution permet d'évaluer la légitimité des attentes des parties prenantes : les revendications qui violent ces hypernormes ne peuvent créer des obligations vis-à-vis des parties prenantes.

• *L'éthique formalisée : une pratique évolutive.* — La formalisation peut évoluer très rapidement en fonction des changements internes (remplacement de l'équipe dirigeante) ou
externes (évolution de l'environnement). Ainsi, une multinationale du secteur informatique a dû reformuler ses huit
principes fondamentaux : devant l'intensification de la concurrence, le résultat est devenu la première des préoccupations et le
respect de la personne est passé au huitième rang. De même, la
règle éthique « N'utilisez pas notre taille de manière déloyale »
s'est assouplie pour ne pas entrer en opposition avec l'impératif
stratégique : « Faire de notre taille un avantage concurrentiel. »

Peut-on faire de l'éthique un outil au service de l'entreprise ?

Dans leurs démarches d'instrumentalisation, les entreprises
sont guidées par autre chose que le simple sens du devoir ou par
une dose d'idéalisme.

Le bilan de la formalisation de l'éthique

• *Les avantages de la formalisation.* — Manley [1991, p. 4]
s'est attaché à synthétiser les multiples bienfaits de la formalisation éthique (voir encadré).

La formalisation éthique paraît séduisante pour augmenter la
résistance éthique d'une entreprise. Nous entendons ici le degré
de résistance de l'entreprise par rapport aux facteurs influents
qui exercent une pression fatale sur la dimension éthique de
l'entreprise (c'est-à-dire les efforts faits par l'entreprise pour
assumer ses responsabilités envers ses parties prenantes).

Ainsi, la présence de documents éthiques au sein de l'entreprise peut prendre une dimension symbolique : montrer que la
direction générale manifeste une préoccupation éthique en affi-
chant publiquement valeurs, engagements et principes. Cela ne
peut être que bénéfique : il est délicat de bafouer des principes
proclamés.

Les avantages de la formalisation

1. Un document éthique fournit un guide durable aux membres de l'organisation et peut aider à diffuser les éléments de la culture organisationnelle (ses valeurs, par exemple). Le contact personnel avec chaque employé étant impossible dans une grande organisation, le document permet à chacun de se familiariser rapidement avec les valeurs de l'entreprise. De plus, le document peut servir de guide dans les situations ambiguës où la conduite éthique n'apparaît pas de manière évidente.

2. Le document améliore la réputation de l'entreprise (instrumentalisation de l'éthique).

3. Le document offre une protection et une défense contre les procès.

4. L'éthique améliore les performances des entreprises.

5. Le document améliore les comportements des employés, leur fierté et loyauté.

6. Le document permet de créer un climat de travail d'intégrité et d'excellence.

7. Le document permet d'aller au-delà de la loi et de devancer l'intervention des pouvoirs publics en matière de régulation (Solomon et Hanson [1989, p. 18] précisent que « la réglementation est le prix que paie le monde des affaires pour ses erreurs de stratégie en matière d'éthique »).

8. Le document permet de catalyser le changement dans l'organisation.

9. Le document permet à l'entreprise de préciser ce que les dirigeants attendent de leur personnel en termes de comportements. Il devient donc un mécanisme de contrôle effectif car il incite à des comportements positifs.

10. Le document aide à satisfaire les besoins des investisseurs qui veulent réaliser des placements éthiques.

11. Le document aide à intégrer ou à transférer des cultures de firmes acquises ou absorbées.

12. Le document aide à protéger les dirigeants de leurs subordonnés et inversement. Il peut donner un moyen de refuser une directive.

• *L'impact des démarches éthiques.* — Il existe très peu d'informations sur l'influence des documents éthiques dans le comportement quotidien des membres organisationnels [voir toutefois Gautier, 2000]. Quelques entreprises en mesurent spécifiquement l'impact. L'outil le plus utilisé consiste à effectuer un audit plus ou moins régulier auprès du personnel.

Pour avoir une mesure plus fidèle, il serait intéressant de recenser le nombre de cas où l'éthique formalisée sert véritablement de guide et permet de prendre des décisions. Cependant, la mesure des comportements n'est pas aisée, plusieurs facteurs peuvent expliquer le manque d'entrain des entreprises pour mesurer l'impact de leur politique formelle :

— les problèmes méthodologiques que pose cette démarche ;

— le coût financier élevé que représente une telle mesure ;

— le fait que la mesure de l'efficacité du document éthique ne doit pas être la préoccupation essentielle de l'entreprise. En effet, s'il s'agit véritablement d'éthique, il n'y a aucune raison de mesurer l'impact du document ;

— dans certaines multinationales, l'engagement éthique fait partie de la culture organisationnelle.

On peut estimer que la formalisation influence en partie la nature de l'éthique des acteurs. Comme le soulignent Pesqueux et Biefnot [2002], le discours finit par créer des éléments de réalité allant dans le sens du discours.

• *L'éthique est-elle une arme concurrentielle ?* — Pour Salomon et Hanson [1989], la réponse ne fait aucun doute : la morale est la clé de la réussite. Pour les tenants de l'éthique prescriptive, l'éthique correspond à l'intérêt bien compris de l'entreprise à long terme. Gélinier [1991, p. 10] considère que, sans éthique, on peut gagner à court terme, mais on perd à long terme. Il considère également que « l'éthique est l'art de réussir à long terme » [p. 51]. Jones [1995] indique que les firmes qui contractent avec leurs parties prenantes sur la base de la coopération et de la confiance mutuelle s'octroient un avantage compétitif sur celles qui ne le font pas.

Cependant, cette instrumentalisation semble impliquer une réduction de l'éthique à un instrument au service de la pérennité de l'entreprise.

• *La critique de l'instrumentalisation éthique.* — La tentative d'instrumentalisation de l'éthique suscite des analyses très critiques qui portent sur l'esprit de la démarche ainsi que sur la manière dont elle est conduite. De nombreux auteurs mettent en garde contre les dangers de l'éthique réduite à un outil de management.

À la suite des travaux de Moussé [1992], Enriquez [1993] et Lipovetsky [1992], deux aspects essentiels (et quelque peu contradictoires) semblent émerger :

— l'éthique comme instrument d'intégration manipulatoire des individus dans le système de valeurs le plus compatible avec la compétitivité de l'entreprise ;

— l'éthique comme instrument de gestion de l'image de marque. La formalisation est alors vue comme un habillage hypocrite, voire de l'esthétique.

Ainsi la formalisation est-elle vue comme un détournement, une perversion de la vraie réflexion éthique. Elle ne prétend pas ici servir un idéal, mais constitue un moyen en vue d'une fin donnée. Si le développement d'une éthique obéit à des considérations stratégiques, l'entreprise appliquant simplement là une règle de gestion efficace, l'éthique semble perdre de sa nature. L'éthique ne devrait pas être qu'instrumentale, elle devrait être légitime en elle-même.

L'adoption de chartes et codes ne constitue pas un indice du respect des principes et règles qui y figurent. Convaincre les tiers qu'ils peuvent traiter en confiance avec l'entreprise ne signifie pas nécessairement que cette confiance soit justifiée dans les faits.

Il est, en outre, beaucoup plus facile de poser des principes que de les rendre opératoires. La formalisation peut se transformer en exercice de relations publiques.

La formalisation risque d'être le reflet de la stratégie managériale de la direction avec pour première finalité d'être communiquée plutôt que partagée. L'entreprise chercherait à transmettre à ses salariés sa propre idéologie. Cette vision de l'éthique comme facteur d'amélioration de la productivité, de la qualité du produit et de l'image pose, en outre, le problème suivant : que se passe-t-il lorsque les décisions éthiques se font au détriment des profits ?

La critique porte également sur le contenu de la formalisation qui ne constitue peut-être pas la bonne réponse au besoin actuel d'éthique. Pour Moussé [1992, p. 60], l'éthique doit être considérée comme une démarche qui n'a pas de terme et qui ne saurait se résumer à un code. Elle ne peut prendre en compte les situations réelles qui ne peuvent être réglées d'avance par des normes prédéterminées. Les documents qui prétendent à l'exhaustivité entrent donc fondamentalement en contradiction avec l'exigence éthique : aucun document ne peut épuiser la liste des décisions et des actions bonnes ou mauvaises. Une démarche authentiquement éthique est une démarche collective et non pas un comportement individuel d'obéissance.

En outre, les documents prescriptifs peuvent suggérer aux salariés que tout ce qui n'est pas expressément défendu est permis. Le risque est donc grand de voir les salariés interpréter la liste des conflits éthiques comme étant exhaustive.

Le danger est également de conduire à une trop grande conformité des comportements. Le code risque d'enlever aux acteurs toute responsabilité personnelle, il laisse peu de place à des réflexions concernant la signification des règles énoncées. Les collaborateurs ne sont pas incités à mobiliser leur conscience éthique pour respecter l'esprit de cette formalisation dans des situations où ils disposent d'une certaine marge de manœuvre. Les capacités de raisonnement éthique ne s'acquièrent que par des processus d'apprentissage. L'obéissance n'apparaît souvent que pour éviter des sanctions plutôt que comme résultante d'une croyance dans le bien-fondé des exigences formalisées.

La Bruslerie et Rojot [1992, p. 14] résument avec justesse le dilemme posé par le contenu de la formalisation : dangereux par leur aspect manipulateur s'ils sont trop directifs, les documents éthiques sont superflus s'ils sont trop flous. Dans ce dernier cas, ils deviennent inutilisables ou, plutôt, utilisables à n'importe quelle fin.

La démarche éthique est donc une démarche délicate qui comprend un fort risque de dérapage métonymique au sens où l'ensemble de la démarche risque de se réduire de façon excessive à son résultat. L'éthique est davantage un processus qu'un produit, elle doit procéder d'un sentiment partagé.

Cependant, si formaliser une éthique restrictive peut conduire à de dangereuses manipulations, il y a aussi un risque fort de laisser le jugement éthique en entreprise entièrement à la discrétion de chacun.

L'entreprise se doit donc de formaliser un cadre de référence orientant les comportements (et réduisant leur imprévisibilité) tout en laissant une marge de réflexion à ses collaborateurs afin qu'ils puissent mobiliser leur propre conscience éthique.

Il nous semble nécessaire d'adopter une position mesurée à propos de la pertinence des démarches éthiques.

Il est peu judicieux de penser que toutes les souffrances, tous les dégâts qu'une entreprise peut infliger proviennent de mauvaises intentions ou de comportements vindicatifs. Il est tout aussi irréaliste de vouloir sanctifier les entreprises.

De même, les démarches peuvent conduire à des changements concrets dans le fonctionnement des organisations (et les politiques éthiques peuvent être fortement reliées aux pratiques), parfois elles ne constituent qu'une façade découplée des activités réelles (il peut être plus intéressant de paraître responsable plutôt que de l'être réellement).

Ne traiter ces efforts que sous l'angle de la seule quête de légitimité (en réponse aux pressions institutionnelles) nous semble constituer une vision trop déterministe, ignorant l'importance de la latitude discrétionnaire dans les décisions organisationnelles. Les valeurs et engagements des dirigeants jouent un rôle important [Trevino et Weaver, 2003]. Les politiques éthiques peuvent très bien refléter leur propre engagement à un comportement éthique.

La politique éthique englobe les deux dimensions (influence institutionnelle et managériale). C'est justement la recherche d'un arbitrage idéal entre réponse à la pression institutionnelle et discrétion managériale qui est source de positionnement stratégique pour l'entreprise.

Les interactions entre éthique formelle et éthique informelle

Pour analyser l'impact du document éthique sur les comportements, il convient de prendre en compte les interactions entre les deux systèmes de contrôle, formel et informel, qui s'exercent sur les individus.

• *Le système formel.* — Il comprend des facteurs tels que les politiques (exemple : les codes éthiques), le leadership, les structures d'autorité, le système de récompense et les programmes de formation. C'est un ensemble de procédures et politiques écrites qui dirigent les comportements pour réaliser les buts de l'organisation et détecter (ou dissuader) les conduites opportunistes. Ces mécanismes, techniques et processus ont été élaborés sciemment pour contrôler les comportements.

Le document éthique fait partie du système de contrôle formel, il permet de véhiculer des normes à respecter en spécifiant ce qui est bon ou mauvais. L'impact sur le comportement dépend en premier lieu de la cohérence entre les différentes normes et valeurs apportées par les outils du système formel. S'il y a cohérence, cela renforce l'adoption de comportements éthiques spécifiés dans le document éthique.

• *Le système informel.* — Il comprend des facteurs tels que le comportement des pairs et les normes éthiques. Ce système ne cherche pas à contrôler les comportements à l'aide de mesures explicites et quantifiables, il est composé de valeurs communes, croyances et traditions qui sont véhiculées par les supérieurs et les collègues d'un individu dans l'organisation.

Le pouvoir du système informel provient de son contrôle du comportement dans des situations ambiguës et inattendues. Contrôler les comportements en adoptant des règles formelles nécessite l'élaboration de règles spécifiques adaptées à chaque situation. Or, il n'est pas possible d'édicter des règles couvrant toutes les éventualités.

En revanche, les règles propagées par le système informel produisent une philosophie et un savoir implicite. De ce savoir implicite, un employé peut déduire une règle appropriée pour résoudre n'importe quel problème.

La prise en compte de ce système informel pour étudier l'impact de la formalisation éthique sur les comportements ajoute de la complexité : les décisions ne sont pas prises par des individus isolés, il existe des pressions informelles exercées par les groupes sur les membres pour se conformer à certaines normes, croyances et pratiques.

• *Les interactions entre les deux systèmes.* — Dans une organisation, les deux types de systèmes coexistent. C'est l'interaction entre ces dimensions formelles et informelles qui détermine l'impact comportemental d'un document éthique. Quand les valeurs et normes informelles renforcent les comportements qui sous-tendent les valeurs et buts formellement

Jürgen Habermas : l'éthique de la discussion

Habermas considère que, dans le domaine éthique, il est possible de parvenir à un consensus de qualité comparable à celui que l'on peut observer dans le domaine scientifique.

La spécificité du questionnement éthique réside dans la nécessité d'implication de la part de l'acteur. Il est essentiel que les hommes puissent échanger des arguments rationnels concernant leurs intérêts dans un espace de libre discussion. De la discussion naîtront de nouvelles normes et des intérêts universalisables. « Ne peuvent prétendre à la validité que les normes qui sont acceptées (ou pourraient l'être) par toutes les personnes concernées en tant qu'elles participent à une discussion pratique » [Habermas, 1988, p. 114].

Les hommes doivent donc se mettre d'accord sur ce qu'il faut tenir pour bien. Il leur appartient, par l'échange verbal et la confrontation effective des points de vue, de délibérer de manière discursive sur les valeurs, afin de dégager celles sur lesquelles s'opère un consensus raisonnable. Cette réflexion montre l'impossibilité de la formulation d'une éthique non fondée sur la réciprocité.

La participation dans les organisations implique la prise en compte des idées de l'ensemble des sujets situés sur un plan d'égalité et permet ainsi de congédier tous les types de manipulation.

---

identifiés, les deux systèmes sont en harmonie. Si ce n'est pas le cas, les incohérences qui en résultent peuvent entraîner des comportements non éthiques. Le système informel est dominant dans l'organisation. En effet, les politiques formelles sont élaborées aux plus hauts niveaux de l'organisation et ne descendent pas toujours vers les plus bas niveaux. L'application de cette politique formelle au plus bas niveau nécessite, de la part de l'individu, une interprétation et une mise en œuvre en relation avec une situation donnée. Or, ce sont précisément les valeurs et attentes constatées par le système informel qui sont utilisées pour l'interprétation et la mise en œuvre.

Dans l'entreprise, plusieurs facteurs sont donc importants pour comprendre les effets qu'un document éthique peut avoir sur le comportement de ses membres :
— la nature du document, c'est-à-dire son contenu ;
— le processus d'élaboration et de diffusion ;
— les systèmes de contrôle formel et informel.

De même, il convient d'étudier ces interactions avec la construction personnelle des individus en prenant en compte les influences individuelles et l'autocontrôle, c'est-à-dire le contrôle que les individus exercent sur leurs propres comportements. Le contexte dans lequel s'opère la formalisation est donc primordial, le document ne peut créer un climat éthique à lui tout seul.

Le document éthique doit s'appuyer nécessairement sur le système informel existant, ce qui nécessite cohérence dans l'organisation et participation de tous. Cette cohérence avec les pratiques quotidiennes dans l'entreprise implique la recherche de l'accord des membres de l'organisation sur son contenu. La réflexion doit donc être un espace de dialogue et de discussion (voir encadré). La consultation des salariés prend du temps mais on estime qu'il existe un lien fort entre participation et réussite de la démarche.

Conclusion

À l'issue de ces développements, il convient de s'interroger sur les perspectives et opportunités offertes dans le futur par le champ de l'éthique.

Nous nous intéresserons tour à tour aux défis conceptuels qu'il conviendra de relever puis à la nature des relations entre entreprise et société, pour conclure sur les ambiguïtés de la gestion de l'éthique en entreprise.

Des défis conceptuels à surmonter...

Notons tout d'abord que le champ de l'éthique organisationnelle est loin d'avoir été complètement exploré. Le paysage se révèle complexe, vaste et hautement dynamique. Les évolutions technologiques, culturelles, politiques créent régulièrement de nouveaux problèmes éthiques qu'il s'agit de prendre en compte. Par exemple, les technologies de l'information et de la communication modifient la nature des relations entre les acteurs.

Pour l'instant, les bases théoriques ne font l'objet d'aucun consensus, ce qui engendre une certaine fragilité conceptuelle et empêche la stabilisation du thème.

Il conviendrait tout d'abord d'aboutir à une meilleure intégration des concepts. Par exemple, l'éthique en entreprise est traitée principalement comme un problème organisationnel interne en rapport avec le management des comportements tandis que la notion de performance sociale de l'entreprise est plutôt la « *capacité à gérer et à satisfaire les différentes parties prenantes de l'entreprise* » [Igalens et Gond, 2003, p. 112]. Il est évident que ces deux préoccupations se recouvrent largement. À ce sujet, et contrairement à ce qui est parfois indiqué, nous pensons que l'engouement récent pour la responsabilité sociale de l'entreprise ne conduit pas à délaisser la question de l'éthique.

L'avenir de la recherche en éthique passe également par le développement de concepts et théories solidement ancrés dans la réalité. Cela nécessite d'éviter les deux écueils suivants :

— s'écarter de la réalité pour entrer dans l'utopie pure et simple. Le risque serait alors de basculer dans l'angélisme, la naïveté et l'irréalisme. Les concepts doivent pouvoir aider à résoudre les problèmes et à prévenir les dilemmes ;

— la domination d'une perspective pratique, pragmatique et éludant tout questionnement serait tout aussi dangereuse et ferait apparaître l'éthique comme une recette à appliquer.

La théorie des parties prenantes semble une perspective féconde mais elle n'est, pour l'instant, pas stabilisée. Un certain nombre de points restent en suspens :

— la notion de *stakeholder* demeure peu précise. Il est souvent supposé, par souci de simplification, que les catégories de *stakeholders* ont des préférences homogènes ;

— elle offre peu d'indications pour résoudre de façon concrète les dilemmes éthiques et évaluer la légitimité des revendications des parties prenantes ;

— enfin, la question de la justification ou légitimation de la prise en compte des parties prenantes est loin d'être réglée.

Deux arguments sont mobilisés à ce sujet :

— d'un point de vue stratégique ou instrumental, l'éthique est appréhendée comme un moyen en vue d'une fin qui est l'amélioration de la performance de l'entreprise ;

— l'argument éthique consiste à reconnaître que les parties prenantes possèdent une valeur intrinsèque et qu'il convient de chercher le bien pour le bien (la recherche d'une notion universelle du bien étant tout de même problématique), en l'absence d'un quelconque bénéfice apparent pour l'entreprise.

Le défi est de concilier ces deux arguments et d'intégrer des considérations éthiques dans un management pragmatique des *Stakeholders*. En effet, le paradoxe actuel est que ce sont souvent des considérations non éthiques (par exemple, les risques liés à la dégradation de l'image et de la réputation, la menace de procès ou encore le risque de se voir imposer une réglementation contraignante) qui sont à la base des efforts réalisés par les entreprises pour adopter et respecter une politique éthique. Cela nous conduit à analyser l'évolution de l'économique par rapport au social.

Vers une imbrication croissante de l'économique dans le social ?

Depuis que les organisations économiques existent, leur rôle dans l'économie et la société a toujours été l'objet d'attentions et de débats. Même si l'entreprise est aujourd'hui une institution centrale dans nos sociétés, elle doit, en permanence, gagner le droit d'exercer son activité en démontrant qu'elle crée de la valeur tout en respectant les personnes et en contribuant à la construction d'un monde meilleur. Son actif le plus important est peut-être son acceptation dans la société comme institution légitime. Après une longue période d'autonomisation de l'économique (le principe de séparation attribué à Adam Smith débute avec la révolution industrielle) dénoncée notamment par Polanyi, ne sommes-nous pas entrés dans une ère d'imbrication croissante des organisations dans des structures sociales plus larges (ce que confirmerait le regain donné à des auteurs comme Granovetter et aux approches institutionnelles) ? En fonction de l'évolution de leur contexte institutionnel, les entreprises sont conduites, en permanence, à chercher des compromis entre logique d'efficacité et recherche de légitimité.

La difficile gestion de l'éthique en entreprise...

Les problèmes à surmonter sont multiples et complexes : comment hiérarchiser les objectifs économiques, sociaux et environnementaux, comment surmonter le dilemme de l'éthique basculant entre utopie ou manipulation, peut-on parler de succès dans le management de l'éthique ?

Cela nous conduit à traiter des liens complexes entre éthique et performance. Les entreprises qui se conduisent de manière éthique sont-elles plus performantes que les autres ? Il est difficile de dire que la réussite doit être la récompense certaine d'un comportement éthique exemplaire [Bergmann, 1997,

p. 1253]. Cette perspective nous semble dangereuse, les mécanismes de gestion de l'éthique risquent de disparaître bien rapidement (notamment dans les périodes de conjoncture morose). Gond [2001, p. 79] montre que les études empiriques ne permettent pas de conclure quant à l'existence d'une relation stable et générale entre performance sociale et performance financière.

De façon plus modeste, le succès est donc peut-être à comprendre dans un sens négatif par l'absence (ou la diminution) de la conduite non éthique en organisation. L'engouement actuel pour l'évaluation et la certification des performances éthique et sociale peut, à ce sujet, contribuer à réduire la tension entre l'idéal et le réel. Cette tendance comporte toutefois un risque : soucieuses avant tout d'améliorer leurs pratiques et procédures (ce qui est louable), les entreprises peuvent délaisser des réflexions de fond. Cette tendance est manifeste concernant la rémunération des dirigeants. L'exigence de transparence se traduit par des règles de divulgation mais ne conduit pas à des réflexions sur le bien-fondé de l'écart salarial croissant dans les organisations [Desbrières et Mercier, 2001]. Ne conviendrait-il pas de s'interroger sur le sens de cette évolution ?

Repères bibliographiques

ARNSPERGER Christian, VAN PARIJS Philippe, *Éthique économique et sociale*, La Découverte, Paris, 2000.

BALLET Jérôme, BRY Françoise (de), *L'entreprise et l'éthique*, Éditions du Seuil, Paris, 2001.

BALLET Jérôme, BRY Françoise de, « Investissement socialement responsable et éthique, l'avenir de l'entreprise ? », *Cahiers Français*, n° 309, p. 83-88, 2002.

BARNARD Chester Irving, *The Functions of the Executive*, Harvard University Press, Cambridge (Mass.), 1938.

BAUMHART S. J., « How Ethical are Businessmen ? », *Harvard Business Review*, vol. 39, p. 156-176, 1961.

BERENBEIM R. E., *Global Corporate Ethics Practices : A Developing Consensus*, The Conference Board, New York, 1999.

BERGMANN Alexander, « Éthique et gestion » in *Encyclopédie de Gestion*, Economica, Paris, p. 1239-1253, 1997.

BERLE Adolf A., « For Whom Corporate Managers Are Trustees : A Note », *Harvard Law Review*, 45 (8), p. 1365-1373, 1932.

BERLE Adolf A., MEANS Gadiner, *The Modern Corporation and the Private Property*, Mc Millan, New York, 1932.

BLAIR Margaret M, *Ownership and Control : Rethinking Corporate Governance for the Twenty-First Century*, Brookings Institution, Washington, 1995.

BLANCHARD Kenneth, PEALE Norman Vincent, *The Power of Ethical Management*, William Morrow & Company, 1988.

BOUDON Raymond, *Le juste et le vrai*, Fayard, Paris, 1995.

BOWEN H.R., *Social Responsibilities of the Businessman*, Harper & Row, New York, 1953.

BOYER André (coord.), *L'impossible éthique des entreprises*, Éditions d'Organisation, Paris, 2002.

CARROLL Archie B., « A Three Dimensional Conceptual Model of Corporate Social Performance », *Academy of Management Review*, vol. 4, p. 497-505, 1979.

CARROLL Archie B., « Corporate Social Responsibility », *Business and Society*, vol. 38, n° 3, september, p. 268-295, 1999.

CARROLL Archie B., BUCHHOLTZ Ann K., *Business & Society : ethics and stakeholder management*, 4th edition, South-Western College Publishing, Cincinnati, 1999.

CHARREAUX Gérard (éd.), *Le gouvernement des entreprises*, Economica, Paris, 1997.

CHARREAUX Gérard, DESBRIÈRES Philippe, « Gouvernance des entreprises : valeur partenariale contre valeur actionnariale », *Finance Contrôle Stratégie*, vol. 1, n° 2, p. 57-88, 1998.

CLAUDE Jean-François, *L'éthique au service du management*, Éditions Liaisons, Paris, 2ᵉ édition, 2002.

CLARK J. M., « The Changing Basis of Economic Responsibility », Journal of Political Economy, vol. 24, n° 3, p. 209-229, 1916.

CLARKSON M. B., « A Stakeholder Framework for Analyzing and Evaluating Corporate Social Performance », *Academy of Management Review*, vol. 20, n° 1, p. 92-117, 1995.

CLARKSON CENTRE FOR BUSINESS ETHICS, « Principles of Stakeholder Management », *Business Ethics Quarterly*, vol. 12, n° 2, p. 257-264, 2002.

COULON Robert, MERCIER Samuel, « Le développement des technologies de l'information : Comment préserver la vie privée des salariés ? », in *e-GRH : révolution ou évolution*, Kalika M. (sous la direction de), Éditions Liaisons, Paris, p. 171-194, 2002.

COURRENT Jean-Marie, « Éthique et petite entreprise », *Revue Française de Gestion*, n° 144, mai-juin, p. 139-152, 2003.

DAVIS K., « Can Business Afford to Ignore Social Responsibilities ? », *California Management Review*, vol. 2, Spring, p. 70-76, 1960.

DEAL Terence E., KENNEDY Allan A., *Corporate culture : the rites and rituals of corporate life*, Addison-Wesley, 1982.

DEPOERS Florence, REYNAUD Emmanuelle et SCHNEIDER MAUNOURY Grégory, « Comment mesurer la performance durable des entreprises ? Proposition d'une grille d'indicateurs », *Gestion 2000*, p. 13-29, mars-avril, 2003.

DERMANGE François, FLACHON Laurence (Sous la direction de), *Éthique et droit*, Labor et Fides, Genève, 2002.

DESBRIÈRES Philippe, MERCIER Samuel, « Enjeux éthiques des formules d'actionnariat des dirigeants », *Revue Française de Gestion*, n° 136, p. 86-89, 2001.

DIMAGGIO P., POWELL W., « The Iron Cage Revisited : Institutional Isomorphism and Collective Rationality in Organizational Fields », *American Sociological Review*, n° 48, p. 147-160, 1983.

DION Michel, *L'Éthique de l'entreprise*, Éditions Fides, Québec, 1994.

D'IRIBARNE Philippe, « La légitimité de l'entreprise comme acteur éthique aux États-Unis et en France », *Revue Française de Gestion*, n° 140, septembre-octobre, p. 23-39, 2002.

DODD E. M., « For Whom are Corporate Managers Trustees ? », *Harvard Law Review*, vol. 45, n° 7, p. 1145-1163, 1932.

DONALDSON Thomas, DUNFEE Thomas W, *Ties That Bind : a Social Contracts Approach to Business Ethics*, Harvard Business School Press, 1999.

DONALDSON Thomas, PRESTON Lee E., « The Stakeholder Theory of the Corporation : Concepts, Evidence and Implications », *Academy of Management Review*, vol. 20, n° 1, p. 65-91, 1995.

DUPRÉ Denis (Dir.), *Éthique et capitalisme*, Economica, Paris, 2002.

ELLIG B. R., « Employment and employability : foundation of the new social contract », *Human Resource Management*, vol. 37, n° 2, summer, p. 173-175, 1998.

ENDERLE Georges, « A comparison of Business Ethics in North America and Continental Europe », *Business Ethics. A European Review*, p. 33-46, janvier, 1996.

ENRIQUEZ Eugène, « Les enjeux éthiques dans les organisations modernes », *Sociologie et sociétés*, vol. 25, n° 1, p. 25-38, 1993.

FERONE Geneviève, D'ARCIMOLES Charles-Henri, *Le développement durable*, Éditions d'Organisation, Paris, 2001.

FREEMAN R. Edward, *Strategic Management : A Stakeholder Approach*, Pitman, Boston, 1984.

FRIEDMAN Milton, « The Social Responsibility of Business is to Increase its Profits », *New York Times Magazine*, 13 septembre, p. 122-126, 1970.

FULMER R. M., « Ethical Codes for Business », *Personnel Administration*, p. 49-57, 1969.

GAUTIER Laurence, « L'impact des chartes d'éthique », *Revue Française de Gestion*, septembre-octobre, p. 77-88, 2000.

GAUTIER Laurence, « Fonctions implicites des chartes d'éthique des entreprises », *Revue Française de Gestion*, n° 136, novembre-décembre, p. 70-76, 2001.

GÉLINIER Octave, « Emergence d'une morale de l'entreprise », *Connaissance Politique*, n° 1, février, 1983, p. 81-109.

GÉLINIER Octave, *L'Éthique des affaires, halte à la dérive*, Seuil, 1991.

GENDRON Corinne, « Envisager la responsabilité sociale dans le cadre des régulations portées par les Nouveaux mouvements sociaux économiques », *Cahiers de la Chaire Economie et Humanisme*, Université du Québec à Montréal, n° 1, 2002.

GOND Jean-Pascal, « L'éthique est-elle profitable ? », *Revue Française de Gestion*, n° 136, p. 76-85, 2001.

GONZAGUE Arnaud, TOUBOUL Sylvie, *Vous avez dit entreprises responsables ?*, Vie et Cie, Paris, 2003.

GRANOVETTER Mark, *Le marché autrement*, Desclée de Brouwer, Paris, 2000.

GREENBERG J., « Organizational Justice : Yesterday, Today and Tomorrow », *Journal of Management*, vol. 16, n° 2, p. 399-432, 1990.

HABERMAS Jürgen, *Morale et communication*, Cerf, Paris, 1988.

HEERMANCE E. H., *Codes of Ethics*, Burlington, Free Press Printing Co., 1924.

HILTROP Jean-Marie, « The Changing Psychological Contract : the Human Resource Challenge of the 1990's », *European Management Journal*, vol. 13, n° 3, 1995.

HOFSTEDE Geert, « Relativité culturelle des pratiques et théories de l'organisation », *Revue Française de Gestion*, septembre-octobre 1987.

HUNT J., OSBORN R. et SCHERMERHORN J., *Managing Organizational Behavior*, John Wiley & Sons, 1988.

IGALENS Jacques et GOND Jean-Pascal, « La mesure de la performance sociale de l'entreprise : une analyse critique et empirique des données ARESE », *Revue de Gestion des Ressources Humaines*, n° 50, p. 111-130, 2003.

IGALENS Jacques et JORAS Michel, *La responsabilité sociale de l'entreprise. Comprendre, rédiger le rapport annuel*, Éditions d'Organisation, Paris, 2002.

ISAAC Henri, « Les normes de qualité dans les services professionnels : une lecture des pratiques à travers la théorie des conventions », *Finance Contrôle Stratégie*, vol. 1, n° 2, p. 89-112, 1998.

JENSEN Michael C., « Value Maximization, Stakeholder Theory, and the Corporate Objective Function », *Business Ethics Quarterly*, vol. 12, n° 2, p. 235-256, 2002.

JONAS Hans, *Le principe responsabilité*, Cerf, Paris, 1990.

JONES T. M., « Instrumental Stakeholder Theory : A Synthesis of Ethics and Economics », *Academy of Management Review*, vol. 20, n° 2, p. 404-437, 1995.

KOHLBERG Lawrence, *Essays on Moral Development*, Harper & Row, San Francisco, 1984.

LA BRUSLERIE Hubert (DE), ROJOT Jacques, « L'Absence de morale menace l'économie », *Tribune de l'Expansion*, p. 14-15, 19 février 1992.

LACZNIAK Gene, MURPHY Patrick, *Ethical Marketing Decisions : The Higher Road*, Allyn and Bacon, Boston, 1993.

LANGLOIS Catherine, « National Character in Corporate Philosophies : How Different is Japan ? », *European Management Journal*, vol. 11 n° 3, p. 313-320, 1993.

LANGLOIS Catherine et SCHLEGELMILCH Bodo, « Do corporate Codes of Ethics Reflect National Character ? Evidence from Europe and the United States », *Journal of International Business Studies*, n° 4, p. 519-539, 1990.

LAUFER Romain, « Quand diriger, c'est légitimer », *Revue Française de Gestion*, n° 111, novembre-décembre, p. 12-37, 1996.

LEVITT Theodore, « The Dangers of Social Responsibility », *Harvard Business Review*, september-october, p. 41-51, 1958.

LEVY-BENCHETON Gabriel, « Le code éthique d'un groupe japonais peut-il être transposable en France ? », *Entreprise Éthique*, n° 3, p. 56-64, 1995.

LIPOVETSKY, *Le crépuscule du devoir*, Gallimard, Paris, 1992.

MANLEY Walter, *Executive's Handbook of Model Business Conduct Codes*, Prentice Hall, 1991.

MARTINET Alain-Charles, *Management Stratégique : organisation et politique*, Mc-Graw-Hill, Paris, 1984.

MEDINA Yves, *La déontologie, ce qui va changer dans l'entreprise*, Éditions d'Organisation, Paris, 2003.

MERCIER Samuel, « La formalisation de l'éthique : un outil stratégique pertinent pour l'entreprise », *Finance-Contrôle-Stratégie*, vol. 3, n° 3, p. 101-123, 2000.

MERCIER Samuel, « Institutionnaliser l'éthique dans les grandes entreprises françaises ? », *Revue Française de Gestion*, n° 136, p. 62-69, 2001.

MERCIER Samuel, « Une typologie de la formalisation de l'éthique en entreprise : l'analyse de contenu de 50 documents », *Revue de Gestion des Ressources Humaines*, n° 43, janvier-février-mars, p. 34-49, 2002.

MERCIER Samuel, MULLER Renaud, « Les systèmes de recours interne : outils de justice procédurale ou maîtrise de la communication sur le conflit interpersonnel ? », in *Sciences de gestion et pratiques managériales*, Réseau des IAE, Economica, Paris, p. 275-286, 2002.

MERCIER Samuel, « La formalisation de l'éthique en entreprise : un état des lieux » in *L'éthique d'entreprise à la croisée des chemins* (sous la direction de LAURIOL Jacques et MESURE Hervé), L'Harmattan, p. 67-91, 2003.

MERCIER Samuel, « Les paradoxes éthiques de la gouvernance d'entreprise, *Entreprise Éthique*, n° 19, octobre, p. 26-31, 2003.

MEYER J., ROWAN B., « Institutionalized Organizations : Formal Structure as Myth and Ceremony », *American Journal of Sociology*, n° 83, p. 340-363, 1977.

MOUSSÉ Jean, « Le chemin de l'éthique, *Revue Française de Gestion*, mars-avril-mai, 1992.

NAKANO C., « Attempting to Institutionnalize Ethics : Case Studies from Japan », *Journal of Business Ethics*, n° 18, p. 335-343, 1999.

NEAR J. P., DWORKIN T. M., « Responses to Legislative Changes : Corporate Whistleblowing Policies », *Journal of Business Ethics*, vol. 17, p. 1551-1561, 1998.

PASQUERO Jean, « Éthique et entreprises : le point de vue américain », in *Le management aujourd'hui, une perspective nord-américaine*, Côté M. et Hafsi T. (coord.), Presses de l'Université Laval-Economica, p. 369-393, 2000.

PEREZ Roland, « L'actionnaire socialement responsable », *Revue Française de Gestion*, volume 28, n° 141, novembre-décembre, p. 131-151, 2002.

PEREZ Roland, *La gouvernance de l'entreprise*, Repères, n° 358, Éditions La Découverte, Paris, 2003.

PESQUEUX Yvon, BIEFNOT Yvan, *L'éthique des affaires*, Éditions d'Organisation, Paris, 2002.

POSNER Barry Z., SCHMIDT Warren H., « Values and the American Manager : an Update », *California Management Review*, p. 202-216, 1984.

PRESTON Lee E., POST James E., *Private Management and Public Policy : The Principle of Public Responsibility*, Prentice-Hall, Englewoods Cliffs, 1975.

ROJOT Jacques, « Déontologie et gestion des ressources humaines » in COLL., *Éthique, déontologie et gestion de l'entreprise*, Economica, Paris, 1992.

ROUSSEAU Denise M., *Psychological Contracts in Organizations*, Sage Publications, London, 1995.

RUSS Jacqueline, *La Pensée éthique contemporaine*, Que sais-je ?, n° 2834, Presses Universitaires de France, 1994.

SCHEIN Edgar, *Organizational Culture and Leadership*, Jossey-Bass, San Francisco, 1985.

SEIDEL Fred, SCHLIERER Hans-Jörg, « De Kant à Lopez, théorie et pratique de l'éthique des affaires en RFA », *Revue Éthique des Affaires*, n° 6, p. 17-30, 1996.

SOLOMON Robert C. et HANSON Kristine R., *La Morale en affaires, clé de la réussite*, Éditions d'organisation, 1989.

TAKA Iwao, « Business Ethics : a Japanese View », *Business Ethics Quaterly*, vol. 4, n° 1, 1994.

TREVINO Linda Klebe, « Ethical Decision Making in Organizations : a Person-Situation Interactionist Model », *Academy of Management Review*, n° 11 (3), p. 601-617, 1986.

TREVINO Linda K., WEAVER Gary R., *Managing Ethics in Business Organizations*, Stanford University Press, 2003.

VICTOR B., CULLEN J.B., « The Organizational Bases of Ethical Work Climates », *Administrative Science Quarterly*, n° 33, p. 101-125, 1988.

WEAVER G. R., TREVINO L. K., COCHRAN P. L., « Corporate Ethics Practices in the Mid-1990's », *Journal of Business Ethics*, vol. 8, p. 283-294, 1999.

WEBER Max, *Le savant et le politique*, « 10/18 », Plon, 1959.

WHITE B. J., MONTGOMERY B. R., « Corporate Codes of Conduct », *California Management Review*, vol. 23, n° 2, p. 80-87, 1980.

WIEDEMANN-GOIRAN Thierry, PERIER Frédéric, LEPINEUX François, *Développement durable et gouvernement d'entreprise : un dialogue prometteur*, Éditions d'Organisation, Paris, 2003.

WUNENBURGER Jean-Jacques, *Questions d'éthique*, Presses Universitaires de France, Paris, 1993.

YONEYAMA Etsuo, « Le Japon : une éthique en mutation », in SEIDEL F. (coord.), *Guide pratique et théorique de l'éthique des affaires et de l'entreprise*, Éditions ESKA, p. 193-209, 1995.

Table

Travailleurs sociaux (Les), n° 23,
  Jacques Ion et Bertrand Ravon.
Union européenne (L'), n° 170,
  Jacques Léonard et Christian Hen.
Urbanisme (L'), n° 96, Jean-François
  Tribillon.

Dictionnaires
───────────────────────────────
R E P È R E S

Dictionnaire de gestion, Élie Cohen.
Dictionnaire d'analyse économique,
  *microéconomie, macroéconomie,
  théorie des jeux, etc.,*
  Bernard Guerrien.

Guides
───────────────────────────────
R E P È R E S

L'art de la thèse, *Comment préparer
  et rédiger une thèse de doctorat, un
  mémoire de DEA ou de maîtrise ou
  tout autre travail universitaire,*
  Michel Beaud.

Les ficelles du métier. *Comment
  conduire sa recherche en sciences
  sociales*, Howard S. Becker.
**Guide des méthodes de
  l'archéologie**, Jean-Paul Demoule,
  François Giligny, Anne Lehoërff,
  Alain Schnapp.
Guide du stage en entreprise,
  Michel Villette.
Guide de l'enquête de terrain,
  Stéphane Beaud, Florence Weber.
Manuel de journalisme. *Écrire pour
  le journal*, Yves Agnès.
**Voir, comprendre, analyser les
  images**, Laurent Gervereau.

Manuels
───────────────────────────────
R E P È R E S

Analyse macroéconomique 1.
Analyse macroéconomique 2.
17 auteurs sous la direction de
  Jean-Olivier Hairault.
**Une histoire de la comptabilité
  nationale**, André Vanoli.

Composition Facompo, Lisieux (Calvados)
Achevé d'imprimer en janvier 2004 sur les presses
de l'imprimerie Campin à Tournai (Belgique)
Dépôt légal : janvier 2004.

Imprimé en Belgique